5N|1K

Kazanımlı

TATLI MI TATLI HİKAYELER

D1729789

BAL TADINDA HİKAYELER

Milli Eğitim Bakanlığı Talim ve Terbiye Kurulu Başkanlığı kararı ile
14.05.2009 tarih ve 69 sayılı kurul kararıyla
Türkçe Programı'na uygun olarak hazırlanmış olup,
ÖĞRENCİLERE TAVSİYE EDİLİR.

GÖNÜL YAYINCILIK
gonulyayincilik.com

Kitabın Adı
Bal Tadında Hikayeler

Yazarlar
Emine DELİMEHMET
Sinan KÜÇÜK

Yayına Hazırlayan
Ali OLCAR

Yayın Yönetmeni
Sibel GÜRCAN

Dizgi-Tasarım
Gönül Yayın Grubu

ISBN
978-605-4784-03-5

Basım Yeri ve Yılı
Özyurt Matbaacılık - 2018

GÖNÜL YAYINCILIK MATBAACILIK LTD. ŞTİ.
Ağaçişleri Sitesi 521. Sokak Nu.:4
Ostim - Yenimahalle / ANKARA
Tel: 0 312 343 92 27 Faks: 0 312 343 92 23
e-posta: gonulyayincilik@gmail.com

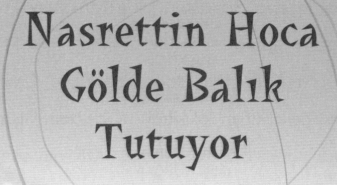

Nasrettin Hoca Gölde Balık Tutuyor

Nasrettin Hoca ve oğlu Bekir bütün gün bahçede çalıştılar. Akşam çok yorgun bir halde eve döndüler. İyice temizlendikten sonra yemek yediler. Yemek yedikten sonra Nasrettin Hoca, Bekir ve Cansu Sultan'a kitap okumaya başladı. Kitabın adı "Şen Balık"tı. Kitap bittikten sonra biraz da sohbet ettiler.

Bekir:

- Baba yarın bahçede işimiz var mı?

Nasrettin Hoca:

- Hayır oğlum yok. Yarın dinleneceğiz.

Bekir:

- O zaman yarın gölün kenarında piknik

yapar, gölde balık da tutarız. Olur mu?

Nasrettin Hoca:

- Belki olur. Bir de annene soralım.

Bekir:

- Anne sen ne diyorsun? Gidelim mi?

Cansu Sultan:

- Aslında olabilir. Ben de çok sıkılmıştım. Bizim için de biraz değişiklik olur.

Nasrettin Hoca:

- Tamam o zaman yarın gölün kenarına gidiyoruz.

Bekir, buna çok sevinir. Hemen malzemeleri hazırlar. Cansu Sultan da piknikte yiyecek ve içecek malzemeleri

hazırlar.

Sabahleyin erkenden kalkıp kahvaltıyı yaptıktan sonra hep beraber evden çıkarlar. Bir süre gittikten sonra gölün kenarına ulaşırlar.

Bekir:

- Hadi baba hemen balık tutmaya gidelim.

Nasrettin Hoca:

- Dur oğlum önce biraz hazırlık yapalım.

Bekir:

- Ne hazırlığı?

Nasrettin Hoca:

- Önce annene yardım edelim.

Cansu Sultan:

- Evet bana biraz yardım edin.

Nasrettin Hoca ve Bekir bir süre Cansu Sultan'a yardım ettiler. Piknik için her şey hazırlanmıştı. Bekir ve Nasrettin Hoca oltaları alıp kayığa bindiler. Sahilden biraz uzaklaşıp oltaları gölün suyuna daldırdılar. Bir süre sonra Nasrettin Hoca'nın oltası hareketlendi.

Nasrettin Hoca:

- Oğlum Bekir benim oltama bir balık takıldı. Ben oltamı biraz çekeyim.

Bekir:

- Hadi çek oltayı baba anlaşılan büyük

bir balığa benziyor.

Nasrettin Hoca oltayı heyecanla çekmeye başlar.

Nasrettin Hoca:

- Geliyor Bekir yardım et.

Bekir:

- Hadi baba çek biraz daha az kaldı.

Nasrettin Hoca:

- İşte geldi.

Bekir:

- Aaa baba bak oltana takılan balık değil ayakkabıymış.

Nasrettin Hoca:

- Evet oğlum, insanların çevreyi

kirletmesinin cezasını çekiyoruz.

Bekir:

- Baba insanlar neden çevreyi böylesine bilinçsizce kirletirler?

Nasrettin Hoca:

- Oğlum insanlar dünyanın kıymetini bilmiyorlar. Bu yüzden dünyanın dengesini bozuyorlar.

Nasrettin Hoca ve Bekir balık tutmaktan vazgeçerler. Köye dönüp gölde olanları köylülere anlatırlar. Köylüler gölü temizlemek için kampanya başlatır.

Keloğlan ve Huysuz Eşeği

Keloğlan ve anası köylerindeki babadan kalma evlerinde yalnız yaşarlardı. Yarı aç, yarı tok yaşadıkları halde hallerinden şikayet etmezlerdi.

Ama Keloğlan bir tek huysuz ve tembel eşeğinden şikayetçi olurdu. Bir gün garip anasına:

- Anam, garip anam, kel başımı nereye vurayım? Halimize şükürler olsun, ama ben bu huysuz eşekten şikayetçiyim. Hiçbir işi yapmıyor.

Anası:

- A benim kel oğlum, kel başını niye duvarlara vuruyorsun?

Keloğlan:

- Anam garip anam! Söz dinlemez halden anlamaz bu eşek!

Anası:

- Kel oğlum! Çağır bakalım şu eşeği

de bir konuşalım!

Keloğlan:

- Peki anacığım çağırayım da şu eşeği bir konuşalım.

Keloğlan evden çıkıp ahıra girerek eşeğin yanına gider.

Keloğlan:

- Gel bakalım köftehor eşek, senin bu tembelliğinden ve huysuzluğundan bıktık artık, seninle konuşacağız.

Huysuz Eşek:

- E be Keloğlan! Sen bana hep Huysuz Eşek diyorsun da bunca zaman sordun mu neden huysuz olduğumu?

Keloğlan:

- Tamam hadi gel de anam da konuşacak seninle!

Huysuz Eşek:

- Hadi gidelim bakalım.

Keloğlan ve Huysuz Eşek birlikte eve girerler. Keloğlan bir köşeye oturur, eşeği karşılarına alırlar.

Keloğlan'ın anası:

– Söyle bakalım güzel eşek! Sen bu Keloğlan'ın kel başını neden duvarlara vurdurursun? Neden huysuzluk edersin?

Huysuz Eşek:

– A be ana! Bari sen anla halimden. Bu Keloğlan hep bana ağır çuvallar yükler. Tamam taşırım, ama yük çok ağır olunca huysuzluk yapmayayım da ne yapayım?

Keloğlan:

– A be Huysuz Eşek! Neden söylemiyorsun yükünün çok ağır olduğunu?

Keloğlan'ın anası:

– Dur bakalım oğlum! Neler anlatacak?

Huysuz Eşek:

– Sen hiç sormadın ki! Yük koyarken

zorlandığımı görseydin anlardın.

Keloğlan:

- O zaman gel anlaşalım güzel eşek!

Huysuz Eşek:

- Nasıl anlaşacağız Keloğlan?

Keloğlan:

- Bundan sonra yükün çok ağır olduğunda bana söyle, ben de dikkatli davranacağım sana! Oldu mu?

Huysuz Eşek:

- Tamam o zaman!

Keloğlan'ın anası:

- Aferin size! Kötü durumları, anlaşmazlıkları konuşarak çözebilirsiniz.

Keloğlan ve Huysuz Eşek böylece anlaşarak daha iyi çalışmaya başladılar. Evlerinde bolluk ve bereket oldu.

Şehre Gidiyoruz

Çok heyecanlıydım, haftalardır şehre inmemiştim. Karadeniz çok güzel bir yer, uzun süredir de köyde duruyorduk. Ama babamı bir türlü anlamıyordum. Şehre inmekten nefret ediyordu. Her defasında inmemek için çok direniyordu. Annemin ısrarıyla şehre iniyordu. Eğer şehirde işi olmasın kesinlikle inmezdi.

Babam:

- Ömer hadi hazırlan da şehre ineceğiz, seni bekliyorum.

Ben:

- Tamam babacığım hemen geliyorum.

Annem birden araya girdi:

- Ahmet Efendi, bak çabucak dönelim diye çocuğu üzme şehirde. Bırak çocuk biraz gezsin, eğlensin.

Babam oldukça gergindi, anneme dönerek:

- Tamam hanım sen merak etme!

Sonunda yola çıktık, ben çok heyecanlıydım. Babam da bir o kadar gergindi.

- Baba neden bu kadar gerginsin?

Babam:

- Oğlum, ben şehri pek sevmem o yüzden.

Ben:

- Neden sevmiyorsun peki?

Babam:

- Oğlum şöyle bir çevrene bak bakalım bu güzelliği, temiz havayı, ağaçları, kuşları, huzuru... şehirde bulabilecek misin?

Ben:

20

- Ama baba, şehirde de gezilecek pek çok yer var. Bunları da düşün!

Babam:

- Oğlum, ilk başlarda ben de senin gibi çok heyecanlıydım. Ama buradaki doğal güzellik şehirde hiç yoktur.

Ben:

- Ben de köyümüzü çok seviyorum. Ama şehir de çok güzel.

Babam:

- Oğlum Ömer, biraz sonra şehre gittiğimizde çevrene bir bak köydeki huzuru bulabilir misin?

Ben:

- Hayır, bulamam babacığım. Aslında doğru söylüyorsun.

Babam:

- İşte ben de bu yüzden köyden ayrılmak istemiyorum. Köyümüzdeki o huzur buralarda yok.

Ben:

- Ama baba, tamam haklısın, burada da ihtiyaçlarımızı görmeliyiz. Biz şehirde yaşayalım demiyoruz. Buradan ihtiyaçlarımızı giderelim diyoruz.

Babam:

- Aslında sen de haklısın.

Babamla şehirdeki alışverişi yaptıktan sonra, biraz şehri gezdik. Aslında babam doğru söylüyordu. Köydeki ortamı ben de özlemiştim. Oralar bizim için daha güzel diyordum kendi kendime.

Kardan Adam

Kış gelmiş, kendini iyice belli etmişti. Sinem karın yağmasını dört gözle bekliyordu. Kış mevsimi ve kar yağışı O'nun için çok başkaydı. Kardan adam yapmak, kar topu oynamak kış mevsiminin en zevkli anlarıydı. Akşam uyurken 'keşke sabahleyin kar yağsa, ne güzel olur' diye düşünürken uyuyakalmıştı. Sabahleyin her taraf kardan bembeyaz olmuştu. Annesi Canan Hanım koşarak Sinem'in odasına girdi.

Canan Hanım:

- Sinem, hadi kalk, bak her taraf bembeyaz oldu. Hadi Sinem lapa lapa kar yağıyor.

Sinem, uykusundan uyanamamıştı. Uyku mahmurluğuyla annesine sordu:

Sinem:

- Ne oldu anne? Neden bağırıyorsun?

Canan Hanım:

- Hadi kızım kalk, bak kar yağdı. Her taraf bembeyaz.

Sinem:

- Neee kar mı yağdı?

Canan Hanım:

- Evet kar yağdı, hadi kalk!

Sinem heyecanla yatağından fırladı.

Sinem:

- Oleeey sonunda kar yağdı! Yaşasın!

Canan Hanım:

- Hadi kalk da elini yüzünü yıka kahvaltımızı yapalım. Baban da yeni uyandı.

Sinem heyecanla yatağından kalktı, koşarak elini yüzünü yıkamaya gitti. Annesine kahvaltıyı hazırlamakta yardım etti. Beraber kahvaltı yaptılar. Sinem heyecandan yerinde duramıyordu.

Sinem:

- Hadi baba bir an önce dışarı çıkalım, kardan adam yapalım.

Babası:

- Sabırsızlanma kızım, birazdan arkadaşların da gelir, onlarla oynarsın.

Sinem:

- Evet, doğru söylüyorsun. Ama hemen gidip hazırlanmalıyım.

Sinem hemen hazırlanmaya başladı. Eldivenlerini, atkısını ve başlığını aldı. Babasıyla dışarı çıktı. Arkadaşları da gelmişti. Hep beraber kardan adam yapmaya başladılar. Sinem çok mutluydu. Uzun süredir bu anı bekliyordu.

Sinem:

- Baba kardan adamın gözleri, ağzı ve burnu için kömür lazım.

Babası:

- Kızım bir şey daha unutmadın mı?

Sinem:

- Evet baba, burnu için havuç lazım. Gereken malzemeleri bulup getirdiler. Kardan adam çok güzel olmuştu. Biraz da kar topu oynadılar. Dışarıda epey kalmışlardı.

Babası:

- Sinem, hadi kızım biraz daha kalırsan hasta olursun. Karın tadını çıkaramazsın.

Sinem:

- Peki babacığım.

Sinem çok mutluydu. Bu yılın ilk karı yağmış ve Sinem doyasıya eğlenmişti.

Keloğlan ve Düdükçü Amca

Keloğlan'ın köyüne düdük satan bir amca gelmişti. Keloğlan annesinden para alıp düdük almak istiyordu. Ama annesinde de para yoktu.

Keloğlan:

- Anne ne olur düdük alalım.

Annesi:

- Oğlum inan ki paramız yok! Olsa vermez miyim?

Keloğlan:

- Tüh ya! Çok kötü oldu.

Annesi:

- Oğlum, sattığımız buğdayın parası yarın gelecek. Düdükçü amcan yarın burada olmaz mı?

Keloğlan:

- Yok anne yarın başka bir köye gidecekmiş.

Keloğlan morali bozuk bir halde köy meydanına doğru gitti. Meydandaki çocukların hepsinde düdük vardı. Sadece Keloğlan'da düdük yoktu. Keloğlan çok üzülüyordu. Keloğlan'ın üzgün olduğunu gören düdükçü amca Keloğlan'ın yanına geldi.

Düdükçü amca:

- Hayırdır Keloğlan neden ağlıyorsun?

Keloğlan:

- Düdükçü amca senden düdük almak istiyordum.

Düdükçü amca:

- Eee! Ne oldu Keloğlan?

Keloğlan:

- Ama annemde para yokmuş. Bu yüzden senden düdük alamıyorum.

Düdükçü amca:

-Üzülme Keloğlan eğer bugün bana yardım edersen sana da bir düdük veririm.

Keloğlan:

- Sahiden mi?

Düdükçü amca:

- Sahiden Keloğlan!

Keloğlan:

- Peki neye yardım edeceğim?

Düdükçü amca:

- Şimdi benim şurada buğday çuvallarım var. Bunları eşeğime yüklememe yardımcı olursan ben de sana düdük veririm.

Keloğlan sevinçle yerinden kalktı. Sonunda düdüğü olacaktı.

Keloğlan:

- Hemen yardım ederim düdükçü amca! Hadi gidelim.

Keloğlan, düdükçü amcayla birlikte eşeğin yanına giderler. Eşeğe yüklenecek üç tane çuval vardı ve bu çuvallar da çok küçüktü.

Keloğlan:

- Ama düdükçü amca bu çuvallar çok küçük. Sen bunları tek başına da

yükleyebilirsin.

Düdükçü amca:

- Biliyorum Keloğlan. Ben sadece senin iyi niyetini görmek istedim.

Keloğlan:

- Amca sen şöyle kenarda otur da ben çuvalları yükleyeyim.

Keloğlan çuvalları kolaylıkla eşeğe yükler. İşi hemen biter.

Keloğlan:

- Düdükçü amca çuvalları yükledim. Eğer izin verirsen ben evime gideyim.

Düdükçü amca:

- Peki ama Keloğlan düdüğü almayacak mısın?

Keloğlan:

- Amca ben çuvalları taşırken yorulmadım. Bu yüzden düdüğü alamam.

Düdükçü amca:

- Olsun Keloğlan bu çuvalları ben de taşırdım. Düdüğü nasıl olsa sana hediye edecektim. Bu da bahanesi oldu.

Keloğlan çok sevinmişti. Bir o kadar da şaşırmıştı.

Keloğlan:

- Sana çok teşekkür ederim düdükçü amca. Çok sevindirdin beni!

Düdükçü amca:

- Önemli değil Keloğlan. Benim dileğim bütün çocukların mutlu olması!

Keloğlan, düdükçü amcanın elini öpüp koşarak evine gitti. Artık o da çok mutluydu.

Zebraların Yarışı

Gezgin Bulut bu sefer Cengiz'in odasının penceresinde belirdi. Cengiz ilk başta ne olduğunu anlamamıştı. Biraz duraksadı. Şaşkındı.

Gezgin Bulut:

- Cengiz, Cengiz, beni duyuyor musun!

Cengiz:

- Kim o? Kim var orada?

Gezgin Bulut:

- Benim Cengiz, Gezgin Bulut, tanıyamadın mı?

Cengiz:

- Tanıdım. Hoşgeldin.

Gezgin Bulut:

- Hoşbulduk. Haydi hazırlan, seni çok eğleneceğin bir yere götüreceğim.

Cengiz:

- Nereye götüreceksin?

Gezgin Bulut:

- Afrika'da zebralar yarışıyor, onların yarışları çok eğlenceli geçer.

Cengiz:

- Neee? Zebraların yarışı mı?

Gezgin Bulut:

- Evet, hadi gel!

Cengiz:

- Hemen geliyorum.

Cengiz hemen hazırlanarak Gezgin Bulut'un üstüne atlar. Çok heyecanlıdır. Daha önce hiç zebra görmemişti. Zebraları çok merak ediyordu. Yola çıktılar.

Cengiz:

- Gezgin Bulut zebralar nasıl bir

hayvandır?

Gezgin Bulut:

- At ve eşek karışımı bir şey, siyah-beyaz çizgilere sahip.

Cengiz'in merakı daha da artmıştı. Kısa süren bir yolculuktan sonra nihayet yarış alanına varmışlardı.

Cengiz:

- Eeee! Nereden seyredeceğiz bu yarışı?

Gezgin Bulut:

- Tabi ki zebraların liderinin yanında.

Cengiz:

- Hemen gidelim o zaman.

Zebraların lideri Uzun Kulak da o sırada yarışçılarla konuşuyordu. Gezgin Bulut, Uzun Kulak'ın yanına gitti.

Gezgin Bulut:

- Merhaba Uzun Kulak, bu arkadaşım Cengiz, biz zebraların yarışını izlemeye geldik. Bize izin verir misin?

Uzun Kulak:

- Hoş geldiniz. Tabi ki izleyebilirsiniz! Bu arada Cengiz seninle tanıştığımıza memnun oldum.

Cengiz:

- Ben de memnun oldum.

Cengiz, Gezgin Bulut'un yanında yarışı izlemeye başladı. Yarış oldukça zevkli geçti. Herkes çok eğlenmişti. Cengiz için de unutamayacağı bir macera olmuştu.

Dedikoducu Karga

Sabah olup güneş doğduğunda kargaların cırtlak sesleri ormanın içinde yankılandı. Orman halkı, her gün olduğu gibi yeni bir güne yine kargaların cırtlak sesleri ile "Merhaba!" dedi. Çünkü ormanın dışındaki uzun kavak ağaçları kargaların yuvalarıyla doluydu. Kavak ağaçlarına kargaların biri konar biri uçardı. Sürekli öterlerdi.

"Gak gakkk!"

"Gakkk! Gakkk!"

Kargaların içinde biri vardı ki susmak nedir hiç bilmezdi. Anlayacağınız geveze mi gevezeydi. Birazcık da tembeldi. Bu yüzden evi de pislik içindeydi. Akşama kadar konuşmaktan başka bir şey yapmazdı. Karga sadece konuşsa iyi, en kötü huyu laf taşımaktı. Ormanın dedikodu muhabiri gibi çalışırdı. Hatta "Fısıltı" adında bir dergi bile çıkarmayı düşündü ama arkadaşlarından yüz bulamadı. Utanma, çekinme gibi duygulardan yoksundu. Arkadaşının arkasından dedikodusunu yapar, sonra hiçbir şey

olmamış gibi onunla dostluk kurmaya çalışırdı. Çünkü hep yeni bilgiler peşindeydi.

Karga "Gak!" diye konuşmaya başlar, orman halkının önemli bilgilerini başka kişilere söylerdi. Arkadaşlarının sır diye söyledikleri de ağızdan ağıza dolaşırdı. Arkadaşları onun bu huyunu bilir, onunla fazla konuşmak istemezlerdi. Hatta onun yüzünden ormanın çıkışındaki kavaklığa da gitmezlerdi.

Dedikoducu Karga herkese en sevimli hâliyle yaklaşır, ağızlarından laf alırdı. Bu da yetmezmiş gibi ağaç arkalarına, pencere önlerine saklanır, arkadaşlarının konuşmalarını gizlice dinlerdi. Sonra öğrendiği sırları kendi yorumuyla beraber önüne gelene anlatırdı. Her nedense bundan da ayrı bir zevk alırdı. Karganın düşük

çenesi yüzünden ormanın eski tadı tuzu kalmadı. Herkes birbirine küstü, kavgalar etti.

O, arkadaşlarının gözü önünde kavga etmesinden de hiç rahatsız olmadı. Hatta gagasının altından sinsice sırıttı. Onun yüzünden komşuluk ilişkileri, aile bağları neredeyse yok olmak üzereydi. Dostlar birbirine selam bile vermez oldu. Aileler birbirinin yüzüne bakmamaya başladı. Mutlu orman, huzursuz orman oldu.

Yaşanan bu durumdan hiç kimse memnun değildi. Bu sorunun bir an önce çözülmesi gerekiyordu. Kendi aralarında konuştular, anlaştılar. Ortak bir karara vardılar. Dedikoducu

Karga ormana geldiğinde hiç kimse onunla konuşmayacaktı. Hatta yüzüne bile bakmayacaklardı. Oyunlarına da almayacaklardı.

O günden sonra herkes alınan bu karara uydu. Dedikoducu Karga ormana geldi, gitti. Konuşacak, dedikodu yapacak kimse bulamadı. Onu gören herkes arkasını dönüp gitti. Bir anda tek başına kalıverdi. Günler onun için sıkıcı geçmeye başladı. Düşündü, düşündü...

— Acaba suç bende mi? Neden böyle tek başıma kaldım ki? Bir türlü

anlamıyorum. Aslında ne kadar ko-
nuşkan, şen şakrak birisiyim. Herkesin
sırrı bende.

Kendi kendine konuştu, konuştu. Bir
türlü kendinde hata göremedi. Her
gün dere kenarına, çalılıklara gitme-
ye devam etti. Bazen dayanamayıp
gelene gidene de oturduğu yerden
laf attı.

— Şişttt!

— Heyyy!

— Ormanın tüm haberleri bende.
Hiç merak etmiyor musunuz?

— Haydi, yanıma gelin! Laflayalım biraz. Konuşamamaktan çenem tutuldu inanın ki. Birazcık dedikodu etmekten ne olur ki?

Dedikoducu Karga ile konuşan olmadı. Yüzüne bile bakmadılar.

Günler birbiri ardına geçti. Aradan uzun zaman geçmesine rağmen

Dedikoducu Karga ile hiç kimse konuşmadı. Arkadaşı olmadığı için çok üzgündü. Ağladı, sızladı. Hatta geceleri de uyuyamadı. Düşünceli ve üzgündü. Canı da çok sıkılıyordu. Gecenin sessizliğini karganın hıçkırık sesleri böldü. Komşusu onun bu hâlini yakından takip ediyordu. Sabah olmasını bekledi.

Güneşin ilk ışıkları ormanın için düşmeye başladığı sırada bütün kargalar uyandılar. Güne neşe içinde başladılar. Oysa Dedikoducu Karga hem uykusuz hem de mutsuzdu.

Tünediği daldan etrafı seyrederken yan daldan neşeli bir ses geldi. Birden gözlerinin içi güldü. Sesin sahibi:

— Hey, karga kardeş! Epeydir görüşmüyoruz. Nasılsın? İyi misin? Sanki moralin bozuk gibi, dedi.

Dedikoducu Karga'nın bu sorulara vereceği pek çok cevabı vardı. Zaten ne zamandır kimseyle konuşmamıştı. Başladı anlatmaya. Konuştu, konuştu. Tabii yine çenesini tutamadı. Dedikodu etti. Biraz da kendisinden bahsetti.

— Bak, sana bir sır vereceğim.

Ama kimseciklere söyleme. Geçenlerde komşum bir peynir arıyordu ya! İşte o peyniri ben mideme indirdim. Afiyetle yedim!

Komşu karga:

— Öyle mi?

Dedikoducu Karga:

— Dur hele dinle. Dahası da var. Karşı köyün kırık aynalarını, arkadaşımın sabununu da ben aldım.

Komşu karga:

— İyi, ama bu düpedüz hırsızlık sayılır. İzinsiz hiçbir şey alınmamalı. Bu yaptıkların hiç doğru değil.

Dedikoducu Karga:

— Biliyorum, ama kendime engel olamıyorum. Galiba doğuştan gelen bir hastalık bu. Artık sen de benim birkaç sırrımı biliyorsun. O koca çeneni kapalı tut e mi? Duyduklarını unut gitsin.

Dedikoducu Karga, bu konuşmadan sonra oradan ayrıldı. Ardından komşusu muzipçe sırıttı.

Evet... Komşu karga, Dedikoducu Karga'nın bir sırrını öğrenmişti. Şimdi gevezelik yapan komşusuna ders verme zamanıydı. Komşusuyla vedalaşır vedalaşmaz diğer kargaların yanına gitti. Dedikoducu Karga'nın sır diye söyledikleri, birkaç gün içinde herkesin ağzında dolanmaya başladı.

Aradan birkaç gün geçti. Güneşli bir günün sabahında kargalar söyleşiyorlardı.

— Duydunuz mu arkadaşlar?

— Neyi duyduk mu?

— Peyniri kimin yediği ortaya çıktı. Sabunu kimin aldığı da tabii.

Yapılan konuşmalar Dedikoducu Karga'ya duyurmak istenircesine yük-

sek sesle yapılıyordu. Konuşulanların hepsini duydu. Karga kendi sırrının ağızlarda dolaşmasına çok sinirlendi. Hemen konuştuğu arkadaşının yanına gitti. Bir hışımla konuşmaya başladı.

— Bu nasıl olur? Söylediklerim bir sırdı. Kimseye söylenmemesi gerekiyordu. Biraz ağzını sıkı tutsan ne olurdu! Şimdi adım hırsıza çıkacak. Neden dedikodumu yaptın?

Bütün arkadaşları Dedikoducu Karga'nın konuştuklarını hayretler içinde dinledi. Şaşkınlıktan herkes birbirine bakakaldı. Yapılan plan işe yaramıştı. Kargaların içinde en yaşlı ve bilge olanı daha fazla dayanamadı. Dedikoducu Karga'ya sert sert baktı. Sonra kargayı kendine getiren şu cümleyi söyledi.

— Bunları söyleyen sen misin? Ayrıca sen ne zaman başkasının sırrını sakladın ki? Şimdi gelip bunun hesabını mı soruyorsun?

Dedikoducu Karga oracıkta dondu kaldı. Böyle bir şey duymayı hiç beklemiyordu. Hiçbir şey diyemedi. Utancından kıpkırmızı oldu. O an aklı başına geldi.

Başına gelenlerden sonra bir daha

dedikodu yapmadı. Dedikodu etmediği için yeniden arkadaşlarının güvenini kazandı. Yaşadığı bu olay ona iyi bir ders oldu. Doğru yerde, doğru zamanda konuşmayı tercih etti. Dedikodu edeceği zaman da hep dilini ısırdı. O günden sonra konuşurken çok düşündü, daha az konuştu.

Çizgili'nin Ailesi

Ormandaki geniş çayır, zebra ailesinin yaşadığı yerdi. Sürü içerisinde her aile bir ağaç dibine veya çalılarla çevrili bir yuvaya sahipti. Gündüzleri otluyorlar, akşamları da dinlenip uyuyarak hayatlarını sürdürüyorlardı.

Çizgili de annesi, babası ve iki kardeşiyle bir aile oluşturuyordu. Kardeşleri Uzunçizgi ve Beyazçizgi ile kahvaltı sonrası oyunlar oynuyorlardı. Bu oyunlara, diğer zebra yavruları, bazen geyik, zürafa, gergedan hatta fil yavruları bile katılıyordu.

Ama, bütün işleri de oyun oynamak değildi. Hem ailesine hem de üyesi olduğu

zebra sürüsüne karşı sorumlulukları da vardı.

Bir sabah, yine ailesi ile uyandı. Annesi:

- Siz kahvaltıya çıkın, benim biraz işim var. Biraz sonra size katılırım. Çizgili:

- Ne işi anne? Diye sorunca, annesi:

- Dün gece biraz rüzgarlıydı. Yuvamız biraz dağınık hale geldi. Etrafı bir toparlayacağım, hepsi o kadar.

- O zaman ben de yardım edeyim anne.

Aslında ailede önceden planlanmış bir iş bölümü vardı. Babası bu yüzden hiç ses çıkarmadı. Çünkü o da ırmaktan su getirmeye gidecekti. Babası ve iki kardeşi çıktılar.

Çizgili ile annesi de yuvalarını derli toplu hale getirdiler. İki kişi olunca hemen de bitti işleri. Annesi;

- İşte bu kadar. Haydi biz de gidelim kardeşlerinin yanına.

Birlikte çıktılar. Babası ve kardeşleri ırmağa, su getirmeye gitmişlerdi. Çizgili;

- İstersen ben bir bakayım anne, hiç bu kadar geç kalmazlardı. Başlarına bir şey gelmiş olmasın?

Annesi de endişelenmişti ama belli etmemeye çalışıyordu. Büyük zebra

sürüsü çayırda kahvaltı yapıyordu. Babası ve kardeşleri yoktu yalnızca. Annesi daha fazla dayanamadı;

- Haydi Çizgili, birlikte ırmak kenarına bir bakalım. Koşarak ırmak kenarına doğru ilerlediler. Yüz metrelik bir uzaklıkta onları gördüler. Bir sırtlan sürüsü sıkıştırmıştı zebraları. Anne zebra Çizgili'ye;

- Ben şimdi şu tarafa koşup dikkatlerini dağıtacağım. Sen de şu tepeye çık, bizimkilerden yardım iste. Haydi çabuk ol!

Anne zebra hızla ırmağa paralel koşmaya başladı. Sırtlan sürüsü, ırmak kenarında sıkıştırdığı zebraların sudan

çıkmalarını beklerken, birden anne zebraya doğru koşmaya başladılar.

Bu arada çizgili bir taşın üzerine çıktı. Zebra sürüsüne doğru;

- İmdat! Buradayız! Yardım edin!

Aradan beş dakika geçmemişti. Büyük zebra sürüsü oradaydı. Bu arada baba zebra ve kardeşler de sudan çıkıp, katıldı onlara. Kurtulmuşlardı. Anne zebra ise bir daire çizerek katılmıştı sürüye.

Sürü, çayıra doğru hareket etti. Bu durum normal bir olaydı onlar için. Her gün aslanların, sırtlanların saldırıları ile karşılaşıyorlardı. İş bölümü, birlik olma ve dayanışma ile kurtulabiliyorlardı bu saldırılardan.

Öğle yemeğinde, sanki hiçbir şey olmamış gibi mutluydular Çizgili ve ailesi. Neşeli bir şekilde yemeklerini yiyorlardı. Birdenbire bir gürültü çıktı. Çayırın yeni misafirleri geyik sürüsüydü.

Çizgili, babasına dönerek;

- Bunların ne işi var burada? Burası bizim bölgemiz değil mi? Babası sakince;

- Elbette ki öyle. Bunlar misafirlerimiz. Geçen hafta kararlaştırmıştık. Öğlen yemeğini birlikte yiyeceğiz. Sonra da sohbet edeceğiz.

Yaşasın İneğimiz Doğurdu

İlkbahar gelmek üzereydi. Babamın çok sevdiği ineği 'Bademgözlü' doğurmak üzereydi. Bütün evde büyük bir heyecan vardı. Ama en çok ben heyecanlıydım. Bademgözlü yakında doğuracaktı. Babam doğacak buzağı için hazırlık yapıyordu.

Babam:

- Hanım, Bademgözlü yakında doğum yapacak. Ben veteriner Özgür Bey'i arayayım da hazırlıklı olsun.

Annem:

- Evet, Ahmet Efendi haklısın!

Hayvancağız doğum yaparken zorlanmasın.

Benim telaşım ise bambaşkaydı. Doğacak buzağıya isim arıyordum. Ona 'Sarışın' ismini uygun görüyordum.

Birkaç gün sonra Bademgözlü'nün doğuracağı belli oldu. Babam veteriner Özgür Bey'i aradı. Özgür Bey arabasıyla hemen geldi.

Özgür Bey:

- Ahmet Amca, siz istediğim malzemeleri hazırlayın.

Babam:

- Peki Özgür Bey.

Özgür Bey:

- Ömer sen de beni ahıra götür.

Ben:

- Peki Özgür Amca, hadi gel götüreyim seni.

Ben özgür Amca'yı alıp ahıra götürdüm.

Özgür Amca:

- Bak sen Bademgözlü'ye. Yakında hatta çok yakında anne olacaksın ha!

Ben:

- Özgür Amca, doğumda Bademgözlü'ye bir şey olmaz değil mi?

Özgür Amca:

- Tabi ki bir şey olmaz Ömer, merak etme sen!

Ben:

- Babam Bademgözlü'yü çok seviyor, ona gözü gibi bakar.

Özgür Amca:

- Merak etme sen Ömer, bir şey olmaz ona.

Biraz sonra babam içeri girdi. Babam

da benim kadar çok heyecanlıydı. Aslında o birçok ineğin doğumunda bulunmuştu. Ama Bademgözlü'yü çok seviyordu. Bu yüzden de çok heyecanlıydı.

Babam:

- Hadi Özgür Bey başlayalım.

Özgür Bey:

- Ömer hadi yavrum senin dışarı çıkman lazım.

Ben:

- Ama burada kalmak istiyordum.

Babam:

- Oğlum bu tür şeyler için daha küçüksün o yüzden çıkman lazım.

Ben ahırdan dışarı çıktım. Özgür Bey ve babam Bademgözlü'nün yanında kaldılar. Biraz sonra da annem yanlarına gitti.

İçeriden Bademgözlü'nün inleyen sesi geliyordu. Ben korkmaya başlamıştım. İyice de telaşlanıyordum. Bir süre sonra Bademgözlü'nün sesi kesildi. Benim de içime iyice korku düştü.

Bir süre sonra annem neşeyle dışarı

çıktı.

Annem:

- Eee, oğlum Ömer müjdemi isterim artık! Buzağımız dünyaya geldi.

Ben sevinçten yerimde duramıyordum.

Ben:

- Anne içeri girip buzağıyı görebilir miyim?

Annem:

- Tabi ki görebilirsin Ömer. Hadi içeri gir de misafirimizi gör.

İçeri girdiğimde Bademgözlü yerde

yatıyordu. Buzağı da onun yanına uzanmıştı.

Babamda ve veteriner Özgür Amca'da bir mutluluk vardı.

Ben:

- Baba yeni misafirimize 'Sarışın' adını verebilir miyiz?

- Tabi ki oğlum, çok güzel bir isim.

Sarışın ilkbaharın gerçek habercisiydi. Uzun süre de bana eşlik edecekti.

Yaz Tatili Başlıyor

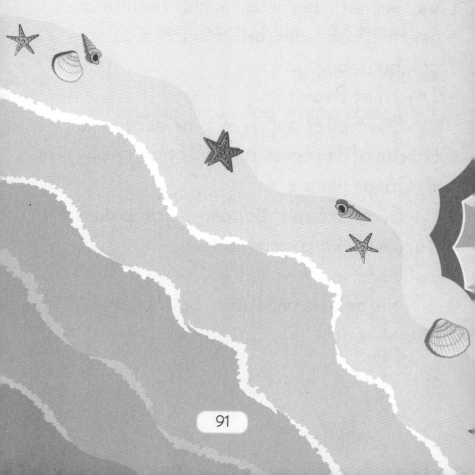

Sonunda okul bitmiş yaz tatili başlamıştı. Sinem çok mutluydu. Sınıfı iyi bir dereceyle bitirmişti. Babası Ahmet Bey O'nu bu başarısından dolayı ödüllendirecekti. Ama Sinem'i en çok mutlu eden şey annesinin ve babasının sevinçleriydi. Canan Hanım ve Ahmet Bey çok mutlu olmuşlardı. Sinem gibi başarılı bir kızları olduğu için çok gurur duyuyorlardı.

Ahmet Bey:

- Sinem bu yıl sınıfını çok iyi bir dereceyle bitirdin, aferin sana!

Canan Hanım:

- Evet kızım babana katılıyorum. Yüzümüzü kara çıkarmadın.

Sinem:

- Ne demek anneciğim, babacığım. Bu

hem kendime hem de size karşı bir ödevim. Ben kendi geleceğim için okuyorum. Başarılarımı devam ettirmek istiyorum.

Ahmet Bey:

- Aferin sana kızım. Niçin okula gittiğini çok iyi anlamışsın.

Canan Hanım:

- Evet kızım, şimdi karne ödülü olarak ne istiyorsun?

Sinem:

- Beni kitapçıya götürmenizi istiyorum.

Ahmet Bey:

- Kitapçıya mı götürelim?

Sinem:

- Evet, kitapçıya götürmenizi istiyorum.

Canan Hanım:

- Peki kızım kitapçıda ne yapacaksın?

Sinem:

- Yaz tatili oldukça uzun, tatilimi iyi değerlendirmek istiyorum.

Ahmet Bey:

- Tamam kızım hadi kalk gidelim. Boşa vakit geçirmeyelim.

Sinem:

- Peki babacığım.

Ahmet Bey:

- Hadi Canan Hanım, sen de gel! Biz de kendimize kitap alalım. Biliyorsun Sinem çok haklı yaz tatili uzun.

Sinem sevinçle odasına giderek hazırlanmaya başlar.

Canan Hanım:

- Sinem gibi bir kızım olduğu için çok mutluyum.

Ahmet Bey:

- Hanım, inan ki O da senin gibi bir annesi olduğu için çok mutlu.

Sinem, annesi ve babasıyla kitapçıya gitti. Ahmet Bey ve Canan Hanım kendileri için kitap seçerken, Sinem de kendisi için kitap seçiyordu. Kitapçıları uzun süre gezdiler. Sinem kendine epey kitap almıştı.

Sinem eve gelir gelmez kitaplarını teker teker özenle kitaplığına dizdi. Kendine boş bir defter aldı. Kitapların ismini tek tek yazdı. Okuma sırasına göre ayarladı. Yaz tatili boş geçmeyecekti.

Nasrettin Hoca Ormanda

Nasrettin Hoca bir gün ormana kış için odun kesmeye gider. Yanında eşeğini ve oğlu Bekir'i de götürür. Ormanda oğluyla birlikte kesilecek ağaçları seçmeye başlarlar.

Bekir:

- Baba neden ağaçları seçiyoruz?

Nasrettin Hoca:

- Çünkü oğlum, ağaçlar da biz insanlar gibi canlıdır.

Bekir:

- Peki öyleyse biz hangi ağaçları keseceğiz?

Nasrettin Hoca:

- Kurumuş, üstünde yuva olmayan ağaçları keseceğiz.

Bekir:

- Neden onlar baba?

Nasrettin Hoca:

- Çünkü o ağaçlar artık kuru oldukları için kolay yanarlar. Biz de canlı bir ağacı kesmemiş oluruz.

Bekir:

- Peki kestiğimiz ağaçların yeri nasıl dolacak?

Nasrettin Hoca:

- O ağaçların yerine fidan dikeceğiz oğlum. Bak eşeğin arkasında o fidanlar.

Bekir:

- Peki o fidanları dikmezsek ne olur?

Nasrettin Hoca:

- O zaman herkes birkaç ağaç keser, bir süre sonra bu orman yok olur.

Nasrettin Hoca ve Bekir kurumuş

ağaçları kesiyorlardı. Biraz ilerde birkaç köylü de ağaç kesiyordu. Ama onlar tam aksine canlı ağaçları kesiyorlardı. Bekir buna çok şaşırmış bir o kadar da kızmıştı.

Bekir:

- Baba bak şu köylüler hem ağaçları kesiyor, hem de yerlerine fidan dikmiyorlar.

Nasrettin Hoca köylülerin yanına gider.

Nasrettin Hoca:

- Arkadaşlar yazıktır bu ağaçlara. Güzelim ormanı yok ediyorsunuz.

Köylülerden biri:

- Sen git kendi işine bak! Bize karışma.

Bekir:

- Siz sadece kendinizi düşünüyorsunuz. Sizin de benim kadar çocuklarınız var. Onlar da bu ormanı görmek isteyecekler.

Nasrettin Hoca:

- Bu orman hepimizin. İçinde de birçok hayvan yaşıyor.

Köylüler yaptıklarından utandılar. Kesmeyi hemen bıraktılar.

Köylülerden biri:

- Kusura bakma Nasrettin Hoca, biz böyle düşünmemiştik.

Nasrettin Hoca:

- Bakın kurumuş verimsiz ağaçlar var, onları keselim. Yerlerine fidanlar dikeriz.

Köylüler de Nasrettin Hoca'nın söylediklerine katıldılar. Ormana da birçok fidan diktiler. Odunları da topladıktan sonra köylerine döndüler.

Nasrettin Hoca'nın Akıllı Kuşu

Nasrettin Hoca köyde karısı Cansu Sultan ve oğlu Bekir'le yaşıyordu. Hoca geçimini şehirde süt ve yoğurt satarak kazanırdı. Şehirde pazar kurulur Hoca da oğlu Bekir'le pazarda süt ve yoğurt satar, kazandığı parayla da evin ihtiyaçlarını alırdı. Yine böyle bir günde pazara gittiler.

Bekir:

- Baba geçen sefer buraya geldiğimizde bir kuş görmüştüm, eğer çok para kazanırsak o kuşu alalım mı?

Nasrettin Hoca:

- Bakalım oğlum! Eğer dediğin gibi çok para kazanırsak alalım o kuşu.

Bekir:

- Baba, biliyor musun o kuş konuşuyor da!

Nasrettin Hoca:

- Nasıl yani? Biz insanlar gibi konuşuyor mu?

Bekir:

- Evet baba, biz insanlar gibi konuşuyor.

Nasrettin Hoca:

- O zaman çok akıllı bir kuş bu!

Bekir:

- Evet baba akıllı bir kuşa benziyor.

Nasrettin Hoca ve Bekir'in işleri rast gitmiş, çok para kazanmışlardı. Bekir sevinçten uçuyordu. Sonunda o kuşu alacaklardı. Kapları toplayıp eşeğe yüklediler, pazardan ihtiyaçlarını da alıp kuşçunun yanına gittiler.

Bekir:

- Hadi baba kuşu alalım.

Nasrettin Hoca:

- Alalım almasına da iyi bir pazarlık yapalım.

Nasrettin Hoca ve Bekir kuşçuyla

iyi bir pazarlığa tutuşurlar. Uzun süren pazarlıktan sonra kuşu fiyatının yarısına alırlar. Bu duruma en çok Bekir sevinir. Kuşu alıp köye giderler.

Köye geldiklerinde akşam olmuştu. Nasrettin Hoca ve Bekir, pazardan aldıklarını hemen eve çıkarırlar. Bekir, kuşu hemen annesine gösterir.

Bekir:

- Anne bak babamla bu akıllı kuşu aldık.

Cansu Sultan:

- Oğlum bu kuşa benziyor da akıllıya

benzemiyor. Nasrettin Hoca bu kuşa niye para verdiniz? Ağaçlarda kuş mu yok?

Nasrettin Hoca:

- Hanım, çocuğun hatırını kıramadım. Aldım işte!

Cansu Sultan böyle derin derin düşünürken kuş birden konuştu.

Kuş:

- Neden öyle derin derin düşünüyorsun? Beni aldıysanız bir keramet vardır.

Herkes çok şaşırdı. Kuş konuşuyordu.

Kuş:

- Şaşırdınız değil mi?

Bekir:

- Vallahi çok şaşırdık!

Herkes bu kuşa ilk başlarda şaşırmasına rağmen sonradan alıştı. Kuş evin bir üyesi olmuştu. Üstüne üstlük kuş çok akıllıydı. Nasrettin Hoca'nın bulamadıklarını buluyor, bilmediklerini biliyordu.

Nasrettin Hoca da kuştan çok memnundu. Kuş sayesinde iyi para kazanmaya başlamışlardı. Evlerine bolluk ve bereket gelmişti. Artık mutlu bir hayat sürüyorlardı.

Çılgın Leylek

Bu leylek diğerlerinden çok farklıydı. Kendini çeşitli maceralara atıyordu. Hiçbir şeyden çekinmiyordu. Eğlenceyi çok seviyordu. Özellikle akarsuların kenarındaki balıklarla uğraşmayı çok seviyordu. Bir gün yine dere kenarına gitti. Amacı balıkları korkutup biraz eğlenmekti. Dere kenarındaki balıklar sakin sakin yüzüyordu.

Leylek:

- Dur şunları bir korkutayım!

Birden kafasını derenin içine soktu. Kırmızı alabalık hariç diğer balıklar korkmuştu. Kırmızı alabalık leyleğin bu yaptığına çok kızmıştı.

Kırmızı alabalık:

- Senin bu yaptığın hiç hoş bir şey değil!

Leylek:

- Yok canım yaptığım şakaları sana mı soracağım?

Kırmızı alabalık:

- Sen böyle kötü şakalar yaparak asla dost kazanamazsın.

Leylek:

- Git işine balık! Seninle uğraşamam!

Olanları uzaktan izleyen kurbağa da diğer hayvanlar gibi artık leyleğin şakalarından bıkmıştı. Hemen suya atlayarak kırmızı alabalığın yanına yüzdü. Aklına bir fikir gelmişti.

Kurbağa:

- Kırmızı alabalık sana bir şey söyleyebilir miyim?

Kırmızı alabalık:

- Tabi ki söyleyebilirsin!

Kurbağa:

- Leylek birimizi korkutmaya çalışırken aslan da leyleği korkutsun. Düşenin halinden düşen anlar.

Kırmızı alabalık:

- Doğru söylüyorsun!

Aslan:

- Leylek bana da çok şaka yaptı. Dediğinizi yaparım.

- Leylek kurbağaları korkutmak

için sinsice yaklaşırken aslan da ona yaklaşıyordu. Aslan leyleğin yanında birden kükreyince leylek korkudan ağaca çarptı ve yere düştü. Diğer hayvanlar gülmeye başladılar.

Kırmızı alabalık:

- Bak leylek, şakalarının nasıl ağır olduğunu anladın mı?

Leylek:

- Anladım, artık söz şaka yapmayacağım.

Leylek artık ağır şakalar yapmamaya başladı. Bütün hayvanlar rahatlamıştı.

Gül Perisi

Akşamüzeri ani bastıran yağmur, çiftlikteki hayvanları hazırlıksız yakaladı. Hepsi panik hâlinde sığınacak bir yerler aramaya başladı. Ağaç altlarında yağmurun dinmesini beklediler. Yağmurun dinmesini bekleyen-

ler arasında biri vardı ki korkudan tir tir titriyordu. Minicik yüreği yerinden fırlayacak gibi çarpıyordu. Üstelik kanatları da sırılsıklamdı. Nerdeyse Mırnav Kedi'nin akşam yemeği olacaktı. Oysa daha minicik bir kuştu o.

Minik kuş çiftliğin en sevimlisiydi. Herkes pek severdi onu. Arada bir gül ağacının dalından arkadaşlarına kadife sesiyle şarkılar söylerdi. Konser bitince tek başına kalır, Mırnav Kedi'nin pençelerinden korunmaya çalışırdı. En çok da ambarın yanına yaklaşınca yüreği ağzına gelirdi.

Çiftliğin ambarı ağzına kadar

buğday doluydu. Kenara köşeye düşen buğday taneleriyle karnını doyurmak Minik Serçe'nin en büyük zevkiydi. Ambara yaklaşırken kötü bir niyeti yoktu aslında. Ne çuvalları dağıtacak ne de hepsini bitirecekti. Tek derdi aç karnını doyurmaktı. Hem bir iki tane buğday tanesinden ne olurdu ki? Ama ambara her yaklaştığında bu korkuyu tekrar tekrar yaşıyordu. Bazen "Keşke!" demekten kendini alamıyordu.

Yine böyle bir gündü. Kediden köşe bucak

saklanırken bahçedeki pembe güllerin dallarına kondu. Güllerin mis gibi kokusunu içine çekti. Ardından boynunu büktü. Dostlarına sesini duyurmak istercesine cansız sesiyle hem söylen-

di hem de hayal dünyasında gezinti-
ye çıktı:

— Şu hâlime bir bakın! Kaçarak
yaşamaktan bıktım usandım. Keşke
küçücük bir kuş olmasaydım! Şöyle
kocaman bir fil olsaydım. Kocaman
kulaklarım, upuzun hortumum ve de-
vasa bir gövdem... İşte o zaman
herkes korkardı benden. Hem kedi-
lerle de başım belaya girmezdi. Ah,
ne güzel olurdu! diye mırıldandı.

Minik Serçe'nin konuşması bittiğinde
bahçedeki pembe güllerin her biri bir
şey söyledi. Şaşkınlıktan kocaman ol-
muş gözleriyle serçeye baktılar.

— Gerçekten fil olmak mı istiyorsun?

— Oysa ne kadar güzel kanatların var. Uçabiliyorsun. Yeni yerler görüyor, yeni arkadaşlar ediniyorsun.

— Ayrıca sesin de çok güzel. Seni dinlemek bize keyif veriyor.

Güller konuştu, serçe dinledi. Söylenenler hoşuna gitmiş gibiydi. Önce gülümsedi sonra iç çekerek başladı

konuşmaya.

— Ahh! Ahh! Minicik bir kuş olarak yaşamak inanın çok zor. Her an o acımasız kara kedinin akşam yemeği olabilirim. Köşe bucak saklanmaktan bıktım, usandım. Belki fil olursam o zaman kedi benden korkar. Ne dersiniz?

Güller ile Minik Serçe'nin sohbeti epeyce sürdü. Serçe tek başına kalınca düşünmeye başladı. Hayal dünyasında gezintiye çıktığı o andı. Küçük serçenin bu isteği gökyüzünün sonsuz derinliklerine kadar ulaştı. Gül Perisi, serçenin içten içe üzülme-

sine dayanama-
dı.   Yeryüzüne
inmek için hava-
nın daha da karar-
masını bekledi. Sonra
bir fısıltıyla gonca gül-
lere doğru yaklaştı. Herkes
dağılmış, yuvalarına çekilmiş-
ti. Minik Serçe, gül dalında
mışıl mışıl uyuyordu.

Gül Perisi sihirli fısıltılarını serçenin kulağına doğru üfledi. Serçe, yavaşça gözlerini açtı. Kanatlarını hafifçe oynattı. Uyurken bile tedirgindi. Kediyle karşılaşmaktan çok korkuyordu. Neyse ki korktuğu olmadı. Karşısında göz kamaştıran bir parlaklık

duruyordu. Işıl ışıldı.
Gözlerini birkaç kez
ovaladı, nazlı uykuyu
kovaladı.

— Bu ışık da neyin nesi? Hala rüya görüyorum galiba, dedi.

Gözlerini tekrar ovaladı. Kendine geldiğinde ise karşısında duran par-laklığın bir periye ait olduğunu an-ladı. Serçe gülümsedi. Mis gibi gül kokusunu içine çekti. Gül Perisi yumu-şak bir ses tonuyla serçeye seslendi.

— Merhaba Minik Serçe! Fil ol-mak mı istiyorsun?

Serçe üzerinden ilk şaşkınlığı attıktan sonra soruyu heyecanla cevapladı.

— Evet, fil olmak istiyorum. Kedinin bana böyle davranmasından bıktım, usandım. Belki o zaman daha mutlu olurum, dedi.

Gül Perisi, serçenin başını sevgiyle okşadı. Biraz da peri tozu serpti. Bir anda küçücük kuş, kocaman bir file dönüşüverdi. Kocaman kulakları, upuzun hortumu olunca kendindeki bu ani değişim onu da çok şaşırttı. Hayretler içinde bu yeni hâline alışmaya çalıştı. Baktı, baktı... Serçe, Gül

Perisi'ne gülümseyerek teşekkür etti. Serçenin mutlu olduğunu gören Gül Perisi, gül goncalarının içine gizlendi. Serçe, bu yeni hâliyle yani fil olarak yarım kalan uykusuna gül bahçesinde devam etti.

Sabah olup güneş açtığında çiftliktekiler yeni bir yüzle karşılaştılar. Kocaman bir fil, çiftliğin orta yerinde gezinip duruyordu. Arada bir kocaman kulaklarını oynatıyor, hortumunu sağa sola sallıyordu. Herkes birbirine bakakaldı. Şaşkınlıkları yüzlerinden okunuyordu. Filin etrafında birkaç tur attılar. Enine boyuna bir güzel

incelediler. Çünkü daha önce hiç fil görmemişlerdi. Kendi aralarında konuşmaya başladılar.

— Bu da ne böyle? Kocaman bir cüsse!

— Şunun kocaman kulaklarına bakın!

— Ne kadar da uzun hortumu var!

— Hiç bize benzemiyor! Pek de hantal görünüyor.

Serçe aslında bütün arkadaşlarını tanıdı. Ama hiç kimse onu bu yeni hâliyle tanıyamadı. Sanki arkadaşları değil de birer yabancı gibi davranıyorlardı ona. İçinden avazı çıktığı kadar bağırmak istedi o an. "Beni tanımadınız mı? Benim ben Minik Serçe!"

Çiftlikteki hayvanlar fili incele-mekten sıkılmış olacaklar ki oradan ayrıldılar. Her zamanki gibi pembe güllerin altında toplandılar. Sağa baktılar, sola baktılar. Yok, yok, yok... Ortada ne serçe vardı ne de onun narin sesi. Çaresiz oradan ayrıldılar.

Herkes gibi çiftliğin sahibi de çok şaşırdı. Çiftliğinde fil yoktu. Yakın-larda hayvanat bahçesi de yoktu.

— Acaba nereden geldi? diyerek söylendi.

Hemen filin yanına gidip onu çift-likten çıkarmak istedi. Çünkü bastığı her yeri dağıtıyor, bahçenin düzenini bozuyordu. Önce ona sevgiyle yaklaştı, sonra onu kendi hâline bıraktı. Yetkilileri aramak için içeriye girdi.

O sırada Minik Serçe, Mırnav Kedi'nin salına salına kendisine doğru geldiğini görünce muzipçe gülümsedi. Kendinden emin bir şekilde kedinin yanına yaklaştı. Uzun hortumunu sağa sola salladı. Kulaklarını oynattı. Ardından gök gürültüsüne benzer bir ses çıkardı. Sesten korkan Mırnav Kedi, tabana kuvvet kaçtı. Kedinin kaçması hoşuna gitmiş olacak ki kahkahalarla gülmeye başladı. Yavaş adımlarla çiftliğin içinde gezdi, dolaştı. Arkadaşlarının yanına gitti.

Onlarla konuşmak, eskisi gibi şaka-
laşmak istedi. Ama hiç kimse onunla
konuşmadı. Gülümsemedi bile. Bu se-
fer de canı sıkıldı, morali bozuldu.
Kendi kendine hortumunu oynatarak
konuşmaya başladı.

— Galiba fil olmak iyi bir fikir
değildi. Kediden kurtuldum ama bu
sefer de arkadaşsız kaldım, diyerek
ağlamaya başladı.

Hava da yavaş yavaş karar-
maya başladı. Herkes yuvasına çe-
kildi. Ama onun gidebileceği bir yu-
vası bile yoktu. Şimdi ne konuşacağı
bir arkadaşı ne de gideceği bir evi
vardı. Konser veremiyor, şarkı bile

söyleyemiyordu. Çok mutsuzdu. Serçeyken ambarın çatısına saklanabiliyordu. Dallarda uyuyabiliyordu. Oysa şimdi öyle mi?

— Keşke Gül Perisi'nden böyle bir dilek dilemeseydim! Fil olmak benim neyime? Keşke, güzel bir at olsaydım. Ah, ne güzel olurdu! deyince Gül Perisi güzel kokular saçarak çıkageldi. File bakarak gülümsedi.

— Şimdi de at mı olmak istiyorsun?

Fil heyecanla cevap verdi:

— Evet ama bu nasıl olacak? Bir seferlik dilek hakkımı kullandım. Yine istesem olabilir mi? dedi.

Gül Perisi hafifçe gülümsedi. Elindeki sihirli değneği sağa sola salladı. Güllerle bezenmiş elbisesiyle kendi etrafında döndü. Etrafa mis gibi gül kokuları saçtı.

— Periler için imkânsız yoktur. İstemen yeterli. Şimdi söyle bakalım. At olmak mı istiyorsun?

Fil, evet anlamına gelen hareketi yaptı. Başını aşağı yukarı salladı. Bir anda harika bir ata dönüşüverdi.

Uzunca kuyruğu, ışıl ışıl parlayan derisi ve çok güzel bacakları oldu. Kendine şöyle bir bakındı.

— Ne de asil duruyorum. Şu güzelliğime. bak! Bu yeni hâlime çabucak alışmam

lazım. Şimdi çok mutluyum. Artık kediyle başım belaya girmeyecek. Belki de bu yeni görüntümle birçok arkadaşım olacak. Oleyy be! dedi kuyruğunu sağa sola sallayarak.

Gerçekten de öyle oldu. Kısa sürede birçok arkadaşı oldu. Ama bu yeni arkadaşlıklar onu hiç de mutlu etmedi. Sırtına biri biniyor, biri iniyordu. Belli bir süre sonra çiftliğin getir götür işlerini de yapmaya başladı. Artık günleri çalışmakla geçiyor, dinlenmeye hiç fırsatı olmuyordu. Ak-

şam olunca yine ağlayarak söylen-
meye başladı.

— Ahh! Benim akılsız kafam. Ne
işim vardı at olmakla, fil olmakla.
Keşke başka bir şey olmak istesey-
dim, deyince Gül Perisi yine geldi.

— Şimdi ne olmak istiyorsun baka-
lım? dedi.

Serçe başından geçenleri şöyle
bir düşündü. Hayalinde olmak istedi-
ği hayvanların hepsini olmuştu zaten.
Yaşadıklarından ders almış olacak ki
başka bir canlıya dönüşmek isteme-

diğini şöyle ifade etti:

— Aman! Ben serçe olarak kalsam daha iyi olacak. Başkası gibi davranarak zaten mutlu olamazdım. Hayatta kendin olmak başkası olmaktan daha iyidir. Başka bir canlıya dönüşmek istemiyorum. Başıma gelenlerden sonra bunun pek de iyi bir fikir olduğunu sanmıyorum. Lütfen beni eski hâlime geri döndür!

Gül Perisi gülümsedi.

— Bunu anlaman çok güzel. Her canlının yaşamında zorluklar ve ko-

laylıklar olabilir. "Keşke"ler ise her zaman sıkıntı verir. Mutluluğun anahtarı senin elinde. Karşılaştığın sorunlar için çözüm yolları geliştirebilmelisin. Hem başkası gibi davranarak zaten mutlu olamazdın! dedi ve oradan uzaklaştı.

Serçe eski hayatına geri döndü. Serçenin mutlu olduğunu gören Gül Perisi serçenin üzerine bir tutam cesaret tozu serpti. O günden sonra Minik Serçe daha cesaretli oldu. O bir kuştu. Öyle de kalmalıydı.

Oyun Bozan Güneş

Doğa her zamanki neşesindeydi. Kuşlar, bulutlar, ağaçlar, çiçekler ve diğer hayvanlar, herkes birbiriyle iyi geçiniyordu.

Bir gün bulutlar, ağaçlar, kuşlar ve güneş saklambaç oynamaya karar verirler. Buna göre kuşlar ebe olacaktı.

Güneş kendi kendine:

- Ben de şu bulutun arkasına saklanayım, dedi.

Kuşlar saymaya başlamışlardı.

- 1, 2, 3, 4, 5...69, 70 sağım solum sobe saklanmayan ebe!

Kuşlar, saklananları tek tek buluyorlardı.

- Papatya, çalıların arkasına saklanmışsın, sobe!

- Tavşan, kayanın arkasındasın, sobe!

- Aslan, ağacın arkasına saklanmışsın, sobe!

Kuşlar, böylece herkesi bulmuşlardı, bir tek Güneş kalmıştı.

Derken Güneş'i de gördüler. Bulutun arkasına saklanmıştı.

Kuşlar:

- Güneş, bulutun arkasına saklanmışsın, sobe!

Güneş, sobelenince morali bozulmuştu. İyice sinirlenmişti.

Güneş:

- Ben bunu saymam! Kuşlar saymaya başladıklarında gözlerini kapatmamışlardı. Hepimizi izlediler.

Papatya:

- Güneş, mızıkçılık yapma! Bu bir oyun!

Güneş:

- Ben anlamam işte!

Tavşan:

Yapma Güneş, hepimizi sobelediler. Halbuki tek mızıkçılık yapan sensin.

Güneş:

- Ben artık sizinle oynamayacağım.

Aslan:

- Sen bilirsin Güneş!

Güneş, bir köşeye çekilip somurtarak onları izliyordu. Onlar ise oyuna iyice dalmışlardı.

Kuşlar, Güneş'in yanına uçarak:

- Gel, Güneş beraber oynayalım, bak sen böyle tek başına durunca çok üzülüyoruz.

Güneş:

- Ben de sizinle oynamak istiyorum ama diğer arkadaşlar beni oyuna almaz diye düşünüyorum.

Kuşlar:

- Sen gel özür dile arkadaşlardan. Özür dilemek de bir erdemdir.

Güneş:

- Peki, geleyim.

Güneş, oyun oynayan arkadaşlarının yanına gider.

- Arkadaşlar, oyunda mızıkçılık yaptığım için sizden özür dilerim. Hatamı anladım.

Bilek Güreşi

Can, okulda çok başarılı bir öğrenciydi. Öğretmenlerine ve arkadaşlarına karşı çok saygılıydı. Öğretmenleri ve arkadaşları da Can'a çok değer verir onu çok severlerdi. Bütün derslerinde çok başarılıydı. Fakat beden eğitimi derslerindeki etkinliklerin çoğunda arkadaşlarıyla birlikte olamazdı. Çünkü Can, çok küçükken geçirdiği bir kaza yüzünden bacaklarının ikisini de kullanamıyordu. O günden beri de tekerlekli sandalye kullanıyordu. Her yere tekerlekli sandalyesi ile gidiyordu. Arkadaşları Can'ın engelli oluşuna hiç aldırmaz, onu hiç dışlamazlardı. Can'ın engelli oluşundan dolayı yapmakta zorlandığı şeylerde ona seve seve yardımcı olurlardı.

Fakat okuldaki bütün çocuklar Can'ın sınıf arkadaşları kadar iyi yürekli değildi. Bazı çocuklar da Can'ın ne kadar iyi ne kadar başarılı bir çocuk olduğunu bilmiyorlardı. Onun için de Can'ı engelli oluşundan dolayı farklı görüyorlardı. Hatta bazıları Can'ı küçümsüyordu.

Bir gün bu çocuklardan birisi, Can'la alay etmiş, onun engelli oluşundan dolayı onu çok üzecek sözler söylemişti. Bu duruma sadece Can değil bütün sınıf arkadaşları çok üzülmüştü.

Sınıf arkadaşları Can'ı ve kendilerini çok üzen ve kızdıran bu çocuğa iyi bir ders vermek istiyorlardı. Fakat bunu nasıl yapacaklarını bilemiyorlardı. Hepsi bu kötü çocuğa nasıl bir ders vereceklerini düşünmeye başladılar. Burak:

- Bu çocuğu öğretmenimize şikâyet edelim. Dedi. Sibel:

- Okul idaresine şikâyet edelim, dedi. Bazıları ise,

- Ailesine söyleyelim, diyorlardı.

Ama bu fikirlerin hiç birini beğenmediler.

Sonunda Figen:

- Buldum! Diye bağırdı.

Hepsi Figen'e baktılar ve merakla sordular.

- Ne buldun? Söyle bakalım senin fikrin nedir?

Figen, hemen fikrini arkadaşlarına anlatmaya başladı.

- Arkadaşlar Can, uzun zamandan beri bacaklarını kullanamıyor. Onun için de pek çok işini el ve kollarıyla yapıyor. Bu yüzden Can'ın kolları çok güçlü. Onun için bilek güreşinde sınıfımızda Can'ı yenebilen yok.

Figen'in anlattıklarından iyice meraklanan Mert:

- Eee ne yapacağız onu söylesene. Diye atıldı. Figen, anlatmaya devam etti.

- Bu çocuğu, Can bilek güreşi yapmaya davet edecek. Biz de bütün okula bu bilek güreşi maçını duyuracağız. Can bu çocuğu bütün okulun önünde yenerek ona iyi bir ders verecek. Böylece okuldaki herkes Can'ın hiçte küçümsenmeyecek birisi olduğunu anlayacak.

Figen'in bu teklifini bütün arkadaşları kabul ettiler.

Can, kendisini küçümseyen çocuğu

buldu ve ona,

- Kendine güveniyorsan seninle bir bilek güreşi yapalım. dedi.

Bu teklifi duyan çocuk kahkahalarla güldü ve:

- Sen mi beni bilek güreşinde yeneceksin? Ben seni serçe parmağımla yenerim. Diyerek tekrar dalga geçmeye çalıştı.

Bu çocuk Can'dan daha büyük olduğu için kendisine çok güveniyordu. Sonunda bilek güreşini ne zaman ve nerede yapacaklarını kararlaştırdılar.

Bilek güreşi üç gün sonra okul

kantininde yapılacaktı. Can bu haberi sınıf arkadaşlarına bildirdi. Onlar da üç gün sonra okul kantininde bilek güreşi yapılacağını tüm okula duyurdular. Can ve arkadaşları üç günün geçmesini sabırsızlıkla beklemeye başladılar. Bu arada bol bol bilek güreşi yaparak Can'ın maça hazırlanmasına yardım ettiler.

Sonunda beklenen gün geldi. Can ve diğer çocuk maç için hazırdılar. Neredeyse bütün okul, bilek güreşini izlemeye gelmişti. Can'ın rakibi, kendisine çok güveniyordu. Kantinde toplanan öğrencilere:

- Bakın şu küçük çocuk haline bakmadan benimle bilek güreşi yapmak istiyor, diyerek yine Can'ı küçümseyen sözler söylüyordu.

Öğrencilerin arasından bir hakem seçtiler. Seçtikleri hakem, bilek güreşinin kurallarını hatırlattı ve "Başla!" komutunu verdi. Bilek güreşini seyretmeye gelen öğrencilerin çoğu Can'ın bu maçı kazanamayacağını düşünüyorlardı. Sadece sınıf arkadaşları Can'a çok güveniyorlardı.

Bilek güreşi başlamıştı. Canın karşısındaki

çocuk, maç başlayınca Can'ın çetin ceviz olduğunu anladı. Bütün gücüyle Can'ın bileğini yıkmak için yüklendi. Başlarda Can'ın kolu biraz bükülür gibi oldu. Arkadaşları durmadan Can'a tezahürat ediyorlardı. Can, arkadaşlarına mahcup olmamak ve bu çocuğa dersini vermek için bütün gücünü topladı ve çocuğun koluna yüklendi. Bir süre ikisi de yenişemedi. Fakat bilek güreşi çok heyecanlı bir şekilde devam ediyordu. Can sonunda bütün gücüyle yüklendi. Karşısındaki çocuğun artık dayanacak gücü kalmamıştı. Diğer çocuğun kolu yavaş yavaş bükülmeye başlamıştı. Derken çocuk pes etti ve Can bilek güreşini kazandı. Bütün okulun öğrencileri önünde Can, kendisini küçümseyen çocuğu yenmişti. Bütün okul Can'a tezahürat ediyordu. Herkes Can'ı tebrik etmek için sıraya girmişti.

Can bilek güreşini kazandıktan sonra sınıf arkadaşlarına teşekkür etti. Bütün bu olanlardan sonra, Can'ı küçük gören o çocuk yaptığının ne kadar yanlış olduğunu anladı. Can'dan özür diledi. Can da onu affetti ve kucaklaşıp barıştılar.

Birbirini Kıskanan Kızlar

Tuğba, her zaman olduğu gibi yine evlerinin küçük bahçesinde oynuyordu. Evlerinin önünden geçen o çok güzel ve gösterişli araba yine evlerinin önünden geçti. Tuğba koşarak bahçe kapısına çıktı. Arabanın ardından hayranlıkla baktı. Araba, her zaman durduğu yerde yine durdu. Arabadan, çok güzel kıyafetleri olan bir kız, bir kadın ve bir adam indi. Kızın elinde yine birkaç paket vardı.

Tuğba:

- Acaba o paketlerin içinde ne var? Herhalde çok güzel oyuncaklar vardır. Diye mırıldandı kendi kendine.

Tuğba, bu gösterişli arabayı ve o güzel kıyafetleri olan kızı her gördüğünde derin bir iç çekip:

- Keşke o kızın yerinde ben olabilsem.
Diyordu.

Tuğba, içten içe o güzel kıyafetleri olan kızı kıskanıyordu. Çünkü o kızın çok güzel kıyafetleri vardı. Her zaman elinde hediye paketleri oluyordu. Her yere o gösterişli arabayla gidiyorlardı. Kendisi bu imkânlara sahip olamadığı için de o kızı hep kıskanıyordu.

Bir gün o gösterişli araba yine her zamanki yerinde durmuştu. Tuğba da pek çok zaman olduğu gibi yine hayranlıkla ve kıskanarak güzel kıyafetli kızın arabadan inmesini bekliyordu. Güzel kıyafetli kız, arabadan indi ve Tuğba'nın olduğu yöne baktı. Tuğba da kendisine bakıyordu. Güzel kıyafetli kız, gülümseyerek Tuğba'ya el salladı. Tuğba, önce şaşırdı. Sonra o da güzel kıyafetli kıza el salladı. Bu iki kız ilk kez selamlaşıyorlardı.

Bir sonraki gün, Tuğba yine bahçelerinde oynuyordu. Bir yandan da o gösterişli arabanın geçmesini bekliyordu. Beklerken de:

- Belki bugün o güzel kıyafetleri olan kızla yine selamlaşırız. Diyordu içinden.

Tuğba böyle düşünürken o gösterişli arabanın sesi duyuldu. Tuğba hemen bahçe kapısına koştu. Araba bu sefer geçip gitmedi. Tuğba'nın yanında durdu. Arabanın camı açıldı. Güzel kıyafetli kız:

- Merhaba benim adım Buse. Diyerek selam verdi. Tuğba, Buse'yi ilk kez bu kadar yakından görüyordu.

- Merhaba benim adım da Tuğba. Seni tanıdığıma memnun oldum. Diye karşılık verdi.

Buse:

- Yarın bizim eve gelir misin? Birlikte oynarız, dedi.

Tuğba:

- Tabii gelirim. Çok sevinirim hem de, dedi. Böylece yeni tanışan bu iki kız, yarın için sözleşerek ayrıldılar.

Tuğba, annesine Buse ile tanıştığını anlattı. Kendisini evlerine davet ettiğini söyledi. Annesinden Buselere gitmek için izin istedi. Annesi de Tuğba'ya gidebileceğini söyledi. Tuğba o geceyi, Buse'nin birbirinden güzel oyuncaklarını hayal ederek geçirdi. Sabah olunca da hazırlığını yapıp Buselerin evine gitti.

Tuğba, Buselerin kapısının önüne vardığında heyecanı artmıştı. Neredeyse elleri titriyordu. Kapının ziline bastı. Kapıyı Buse açtı. O da Tuğba'nın gelmesini bekliyormuş. Buse, Tuğba'yı içeri buyur etti. Tuğba içeri girdiğinde çok etkilendi. Çünkü Buselerin evi hem büyük hem de çok güzeldi. Buse, Tuğba'yı annesiyle tanıştırdı. Buse'nin annesi Tuğba'ya:

- Hangi okula gidiyorsun? Nerede oturuyorsunuz? Annen, baban ne iş

yapıyorlar? Diye birkaç soru sordu. Daha sonra Tuğba ile Buse, Buse'nin annesinden izin alarak, Buse'nin odasına geçtiler.

Tuğba, Buse'nin odasına girince ağzı açık kaldı. Buse'nin odası birbirinden güzel oyuncaklarla doluydu. Bebekler, ayıcıklar, trenler, robotlar, toplar ve daha neler neler vardı. Tuğba:

- Bir sürü oyuncağın var. Hepsi de çok güzel. dedi.

Buse de:

- Evet çok oyuncağım var istediğinle oynayabilirsin, dedi.

İki arkadaş hemen oyuncaklarla oynamaya başladılar. Oyuncaklarla oynarken Tuğba:

170

- Biliyor musun Buse? aslında ben seni çok kıskanıyorum. Dedi.

Buse bunu duyunca şaşırdı:

- Öyle mi! Neden peki? Diye sordu.

Tuğba önce bir iç çekti ve

- Baksana senin her şeyin var. Çok güzel oyuncakların, çok güzel kıyafetlerin, çok güzel bir odan var, dedi.

Buse bunu duyunca güldü. Tuğba'nın ellerini tutarak:

- Biliyor musun ben de seni kıskanıyorum. dedi.

Tuğba Buse'nin söylediklerine daha çok şaşırdı.

- İyi ama sen benim neyimi kıskanıyorsun? Diye sordu.

Bu sefer de Buse derin bir iç çekti ve:

- Evet haklısın. Çok güzel oyuncaklarım, kıyafetlerim ve odam var ama pek fazla arkadaşım yok. Hatta hiç arkadaşım yok. Senin gibi bahçede, parkta, sokakta oynayamıyorum. Bütün vaktimi bu oyuncaklarla geçirmek zorundayım. Dedi. Bu iki arkadaş birbirlerini kıskanıyor olmalarına uzun süre güldüler. Sonra Tuğba:

- Peki ama neden sen de dışarı çıkıp yeni arkadaşlar edinmiyorsun? Neden parklarda, bahçelerde, sokaklarda oynamıyorsun? Diye sordu.

Buse:

- Çok istiyorum ama annem ve babam

172

buna izin vermiyor.

- Neden izin vermiyorlar?

- Başıma kötü bir şey gelmesinden korkuyorlar.

- İstersen annenden izin alalım yarın da sen bize gel. Seni diğer arkadaşlarımla da tanıştırırım.

Buse bu teklifi sevinerek kabul etti.

Buse ve Tuğba, Buse'nin annesinden zor da olsa izin aldılar. Sonraki gün Buse, Tuğbalara gitti. Tuğba'nın diğer arkadaşları da gelmişti. Bu sefer güzel oyuncaklarla oynamadılar. Tuğbaların bahçesinde pek çok güzel oyun oynadılar. Buse yeni arkadaşlar edindiği ve değişik oyunlar oynadığı için çok mutluydu.

Buse, eve gidince yaşadıklarını anne ve babasına heyecanla ve sevinçle anlattı. Buse'nin çok mutlu olduğunu gören anne ve babası da mutlu oldular. O günden sonra Buse'nin yeni arkadaşlarıyla parkta, bahçede, sokakta oynamasına izin verdiler.

Buse ve Tuğba ondan sonra çok iyi arkadaş oldular. Bazen parkta, bahçede oynuyorlardı. Bazen de Buse'nin güzel oyuncaklarıyla oynuyorlardı. Artık ikisi de istediklerine kavuşmuş oldular.

Fındık
Bahçesinde

Artık fındık toplama zamanı geliyordu. Çotanaklar olgunlaşmaya başlamıştı. Çotanak dediğimiz fındığın yeşil kabuklu halidir. Bütün köyde bir telaş vardı. Ama bizim evdeki telaş daha büyüktü. Babam ne yapacağını düşünüyordu. Annemle konuşuyordu.

Babam:

- Hanım, sen aileni çağır, ben de bizimkileri çağırayım. Bu iş yardımlaşmayla olur.

Annem:

- Pek anlayamadım dediğini Ahmet Efendi! Ne demek istedin?

Babam:

- Yani hanım, aileleri çağıralım fındıkları

beraber toplayalım. Bu sayede aileler arasında yardımlaşma da olur.

Annem:

- Hah! Şimdi anladım. Tamam o zaman biz de hazırlıklara başlayalım.

Ben çok sevinmiştim. Çok geniş bir aile olacaktık. Dedelerim, anneannem, babaannem, dayılarım, teyzelerim, amcalarım, halalarım ve onların çocukları... Ooo! Daha ne isteyebilirim ki?

Babam:

- Hanım önce bizde toplanıp herkesle bir yemek yiyelim. Yemekten sonra herkesle konuşur işi anlatırız.

Annem:

- O zaman ben de bizimkilerin yanına

bir gideyim. Onlara anlatayım.

Babam:

- Tamam! İki gün sonra yemek var diyelim, hepsini davet edelim.

Annem:

- Tabi ki bey, birlikten kuvvet doğar, demiş atalarımız.

Benim mutluluğum daha da artmıştı. Annem ve babam ailelerine gidip durumu anlattılar. Yemek için sözleştiler. Herkes gelecekti. Evdeki telaş daha da artmıştı. Çünkü yemekli bir davet vardı. Teyzelerim ve halalarım da geldi. Anneme yemek için yardım edeceklerdi.

Songül Teyzem:

- Ablam, sen tek başına bu kadar

kişinin yemeğini yetiştiremezsin. Biz de sana yardım edelim.

Annem bu yardım haberine çok sevinmişti. Çünkü o da 'yemeği nasıl yetiştireceğim' diye kara kara düşünüyordu.

Annem, teyzelerim ve halalarım hep beraber yemekleri yapmaya başladılar. Kahkahalar kopuyordu.

Annem:

- Ömer oğlum, hadi siz de bahçede hazırlıklara başlayın.

Ben:

- Ne yapalım anne?

Annem:

- Oğlum sandalyeleri indirin masaları

hazırlayın.

Ben:

- Peki anne! Hemen başlıyoruz.

Heyecanım daha da artmıştı. Hemen çalışmaya başladım. Zaten boş boş durmaktan da sıkılmıştım. Sandalyeleri tek tek indirdik, masaların üstüne örtüleri serdik. Sonunda işimiz bitmişti. Ama ben de çok yorulmuştum. Bir iki saat sonra tüm akrabalar gelecekti. Onlar gelene kadar benim de dinlenme fırsatım vardı.

İçeri girip koltuğa oturdum. Televizyonu açıp biraz da televizyon izledim. Vakit çabuk geçmişti. Bir de baktım ki akrabalar gelmeye başladılar. Televizyonu kapattım heyecanla aşağı indim. Babamla birlikte gelen misafirlere yer gösteriyordum. Büyükbabam beni görür görmez hemen kucağına aldı.

- Ooo! Ömer çok büyümüşsün! Maşallah!

Ben hemen büyükbabamın elini öptüm. Sonunda bütün misafirler gelmişti. Hiç eksik yoktu. Çünkü babam her iki ailede de saygı duyulan birisiydi.

Herkese hal hatır sorulduktan sonra yemeğe geçildi. Yemekler yenilmeye başlandı. Eee! Bir yemeğe annemin eli değince o yemek güzel olmaz mı? Tabi ki çok güzel olur. Yemekler yendi. Herkes anneme, ellerine sağlık, dedi.

Yemek yenildikten sonra çaylar geldi.

Ama bu çay o ocakta demlenen çaylardan değildi. Babam çayı fındık kabuğunun közünde demlemişti. O yüzden de çayın tadına doyum olmuyordu. Hoş sohbetten sonra babam asıl konuya geldi.

Babam:

- Ben derim ki, gelin bu yıl fındıklarımızı işbirliğiyle toplayalım. Hem böylece işler daha çabuk biter. Ne dersiniz buna?

Dedem:

- Ahmet oğlum, dediğin bana gayet mantıklı geldi. Ama sıralamayı nasıl yaparız? Biliyorsun burada herkesin fındık bahçesi var.

Babam:

- Onu da düşündüm. Kura çekeriz.

183

Kurayla herkesin bahçesi sıra sıra toplanır.

Büyükbabam:

- Aferin oğlum! Dediğin gayet güzel. Ben bu fikrini çok beğendim.

Babam:

- Evet başka bir fikri olan veya buna karşı çıkan var mı?

Babamın bu düşüncesine hiç kimse karşı çıkmamıştı. Herkes bunu onaylıyordu.

Ali dayım:

- O halde ne duruyoruz? Hadi kura çekmek için hazırlığa başlayalım.

Babam:

- Ali doğru söylüyor. Oğlum Ömer hadi git makas, kağıt ve biraz da kalem getir.

Ben koşarak babamın dediklerini getirdim. Babam kağıtları makasla eşit parçalara keserek herkese birer tane verdi. Ben de herkese kalem dağıtıyordum.

Herkes kağıda kendi ismini yazıp kağıdı katladı. Ben de kağıtları toplayıp annemin verdiği torbaya koydum.

Kura çekilişini büyükbabam ve dedem yapacaktı. Dedem ve büyükbabam yemek masasının önüne geçti. Herkes sessizce onlara bakıyordu. İlk çekilişi dedem yaptı.

Dedem:

- Kaderin cilvesi bu ya! İlk sıra Ahmet'in. Ahmet oğlum, sen benim damadımsın ama seni hiçbir oğlumdan ayırmam. Bu iş için çok uğraştın.

Sırayla diğerleri de çekildi. Ben çok heyecanlıydım.

Salih dayım:

- O zaman hemen yarın hazırlıklara başlayalım. Öbür gün de Ahmet eniştemin bahçesine girelim.

Kadir amcam:

- Evet, Salih'e katılıyorum. Erken kalkan erken yol alır.

Bir süre daha sohbet edildikten sonra, herkese görev dağılımı verildi. Yarın sabah hazırlıklar başlayacak, öbür gün de fındık bahçesine gidilecekti.

Babam da durumdan çok memnun olmuştu. Sonunda bütün aile toplanmıştı.

Ertesi sabah erkenden kalkıp

hazırlıklara başladık. Babam, patpat için benzin aldı. Ben çuvalları hazırladım. Annem bahçede birkaç gün kalacağımız için yemeklikleri hazırlıyordu.

Bütün gün hazırlıklarla uğraşmıştık. Erken kalkacağız diye erkenden de uyuduk. Sabah babamın gür sesiyle uyandık. Kahvaltıyı yaptıktan sonra hazırlandık tam o sırada tüm akrabalar gelmişti.

Hep beraber fındık bahçesine gittik. İşler öyle çabuk ilerliyordu ki ben şaşırıp kalmıştım. Günün sonunda fındık bahçesinin büyük bir kısmı toplanmıştı.

Babam:

- Gördünüz mü? Eğer bu işleri tek başımıza yapsaydık bir ayda yine bitiremezdik. Halbuki böyle gidersek iki haftaya herkesin işi biter.

Ertesi gün öğlene kadar bizim bahçedeki fındıklar toplanmıştı. Öğleden sonra dinlenilecek, yarın da Salih dayımın fındık bahçesine girecektik.

Herkes durumdan çok memnundu. Çünkü işler çok çabuk ilerliyordu. Hiç kimse de yorulmuyordu. İki hafta sonra herkesin bahçesi toplanmıştı.

Ben de bütün yaz tatilinde fındık bahçesinde çalışmak yerine oynayabiliyordum.

Artık karar alınmıştı. Bundan sonraki yıllarda da işbirliğine devam edilecekti. Annemin "Birlikten kuvvet doğar." sözünü şimdi daha iyi anlıyordum.

Karıncalar ve Kara Kedi

Sabahın ilk ışıklarıyla işçiler tarlalara birer birer gelmeye başladı. O gün bağ ve bahçelerden ürünler teker teker toplanacaktı. Ürünleri toplamak için tarlalara günü birlik işçiler gelirdi. Gün

boyu güneşin altında ürünleri toplar, akşam olunca da derme çatma kulübelerine giderlerdi.

Hasadın bol olması tarladaki misafirlerin de çok olması demekti. Hasat zamanını dört gözle bekleyen başkaları da vardı. Tıpkı karınca ailesi gibi.

Karınca ailesinde işbölümü çok önemliydi. Herkes üzerine düşeni en iyi şekilde yerine getirirdi.

Genişleyen aile ve depolanacak yiyecekler için yuvalarını büyütmeleri gerekmekteydi.Karıncalar hemen bir araya geldiler. Kafa kafaya verdiler. Konuştular, anlaştılar. Tarlanın kenarındaki yuvalarını genişletmek için çalışmaya başladılar. Herkes bir parça toprağı sırtına alıyor, uzun bir yolculuktan sonra dışarı atıyordu. Toprağın altına tüneller kazıyor, büyük şehirler kuruyorlardı. Toprağı kazdıkça kazıyor, büyük bir hızla çalışıyorlardı. Büyük uğraşlardan sonra yuvaları yeterli büyüklüğe ulaştı. Bir yandan da tarlalara dökülen arpa ve buğday tanelerini topladılar. Çalışırken biri yorulunca diğeri hemen işin başına geçti. Yuvadaki tempo gün boyu devam etti.

Karınca ailesi günlerce çalıştı, çabaladı. Neredeyse bir kış boyu yete-

cek kadar buğday ve arpa taneleri topladılar. O gün de çok çalıştılar, çok yoruldular.

Hava kararmak üzereydi. Tam evlerine girip dinleneceklerdi ki bir de ne görsünler? Yuvalarının üzerine bir işçi basmasın mı? Yuvalarının girişi bozulan karıncalar öfkeyle bağırdılar, çağırdılar.

— Beğendin mi yaptığını?

— Şu yuvamızın hâline bir bak!

— Bu yuvayı kurmak için çok çalıştık. Çok ter döktük.

İşçi bu söylenenlerin hiçbirini duymadı bile. Düşünmeden yuvanın

üzerine bastı ve oradan uzaklaştı. Karıncalara yeniden iş çıktı. Oysa biraz daha dikkat etseydi ne olurdu?

195

Karıncalar bir yandan çalıştılar bir yandan da işçiye söylendiler. İçlerinden en bilge olanı bu söylenenlere dayanamadı.

— Bilseydi bir canlının yuvasını yıkmak ister miydi? Kocaman ayaklarıyla yuvamıza basar mıydı? Yeter bu kadar söylendiğiniz! Olan oldu. Bakın, yuvamızın girişini yeniden yaptık, diyerek arkadaşlarını sakinleştirdi. O gece bütün karıncalar deliksiz bir uyku çekti.

Sabah olup güneş doğduğunda karıncalar çoktan işe koyulmuştu. İçlerinden bazıları bahçeye bazıları da tarlalara gidiyordu. Gün boyu çalışıyor, yeni arkadaşlıklar kuruyorlardı. Yol boyunca sineklerle, arılarla, uğur böcekleriyle konuşuyorlardı.

O gün yine çok çalıştılar. Karıncaların kimi bahçeden kimi de tarladan evine döndü. Ama gördükleri manzara hiç hoşlarına gitmedi. Bu sefer de kara bir kedi yuvalarının üzerinde debelenmesin mi?

Yuvaları yine zarar gören karıncalar, öfkeyle Kara Kedi'nin karşısına çıktılar.

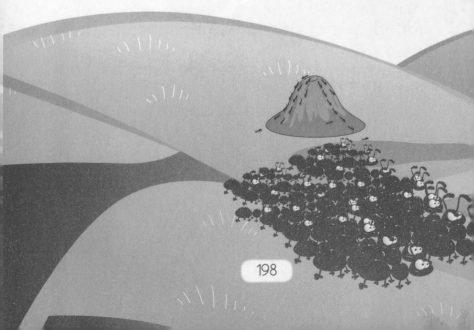

Kedinin karşısında yüzlerce karınca duruyordu. Kara Kedi bir anda neye uğradığını anlayamadı ama soğukkanlılığını hiç yitirmedi. Küçük patileriyle bıyıklarını şöyle bir sıvazladı. Başını yukarı kaldırdı.

— Şu ufacık hâlinizle mi bana meydan okuyorsunuz? Vazgeçin bu işten, diyerek miyavladı.

Aslında konuşmasıyla karınca topluluğuna gözdağı

vermek istedi. Ama bu konuşmadan karıncalar hiç etkilenmedi. Karıncaların başlarına gelenleri dostları da izliyordu. Karıncalar, Kara Kedi'ye meydan okumakta haklıydılar. Belki özür dilese ortada sorun falan kalmayacaktı ama kedinin inadı tutmuştu bir kere. Zaten özür dilemek, teşekkür etmek Kara Kedi için çok uzak kavramlardı. Daha önce bu kavramları hiç kullanmamıştı. Kara Kedi kulaklarını daha da dikleştirdi.

—Hepiniz gelseniz bile benimle baş edemezsiniz! Pençelerime bir bakın hele, diyerek karıncaları daha da kızdırdı. Konuştukça konuştu. Konuştukça hata etti.

Karıncalar, kediyi sakin sakin dinlediler. Hep bir ağızdan konuşmadılar. Ailenin en bilge olanı söz aldı.

—Şu yaptığına bak! Yuvamıza zarar verdin. Özür dilemen gerekirken bir de pişkin pişkin konuşuyorsun. Senin yaptığın düpedüz terbiyesizlik! Yuva, aile için çok önemlidir. Bunu biliyor olman lazım, deyince Kara

Kedi utanmadan kahkaha attı. Arada bir de miyavladı.

"Miyavvv!"

"Miyavvv!"

— Yine uğraşın. İşiniz ne! Zaten kalabalıksınız. Bir çırpıda düzeltirsiniz, diyerek karıncalarla alaylı alaylı konuştu.

Karıncalar yaşadıklarına ve duyduklarına bir türlü inanamadılar. Aslında karıncaların niyeti, Kara Kedi

ile kavga etmek değildi. Sadece bir özür beklediler ama o sihirli sözcük de kedinin ağzından bir türlü çıkmadı. Üzgün bir şekilde yuvalarına girdiler.

Arı dostları da yaşananları kovanlarından sessizce izlediler. Her biri bir şey söyledi. Arıların kimi vızıldadı kimi de mırıldandı.

"Vızzzzz!"

"Vızzzzzz!"

— Acaba bizim kovanımıza zarar verilse ne yapardık?

— Karıncalar gibi biz de sadece bir özür mü beklerdik?

—Bence bu kedinin iyi bir derse ihtiyacı var. Ne dersiniz?

— Geçenlerde arkadaşımızın birine hakaret etmişti, yine böyle özür dilememişti.

—Bence kediye ders verme zamanı gelmiş de geçiyor.

— Haklısın.

Arılar birbirinin gözüne gülümseyerek baktı. Bu gülümseme muzipçe bir gülümsemeydi. Konuşmalara kulak misafiri olan uğur böcekleri hiç boş durur mu?

Arılar, kedinin kulağını, elini, kolunu her yerini soktular. Uğur böcekleri de kedinin etrafında uçtular. Kedi kocaman cüssesiyle başına gelenlere bir türlü inanamadı. Kedi acıdan zıp zıp zıplamaya, hop hop hoplamaya başladı. Sesleri yuvasından duyan karıncalar dışarı çıktılar. Kedinin o hâlini gören karınca ve arkadaşları önce şaşırdılar, sonra da kahkahalarla gülmeye başladılar. Kocaman kedi, kimsenin yüzüne bakamadı. Sürünerek tarladan çıktı. Giderken de homurdandı.

— Toprak yığınından yuva mı olurmuş? Hıh!

Köyün dar sokaklarında ağır adımlarla ilerledi. Çöp varillerinin yanına geldiğinde gördüklerine inanamadı. Bir yandan çöp kamyonları bir yandan mahallenin köpekleri yuvasını dağıtıyorlardı. O an içi cız

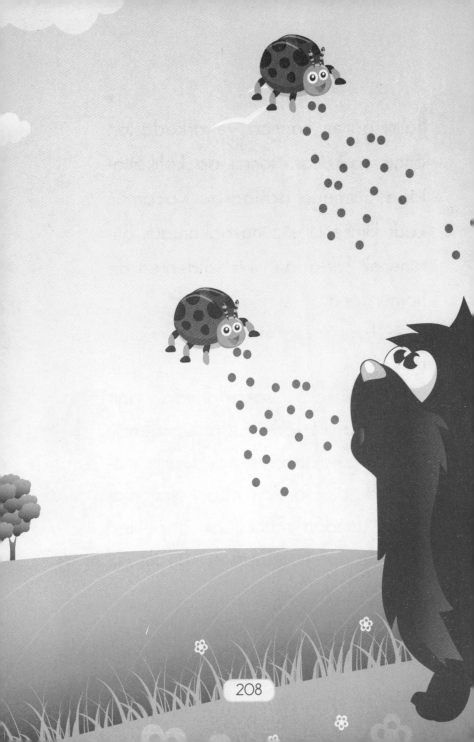

etti. Yuvası için ne çok emek vermişti oysa. Tıpkı karıncalar gibi. Cesaretini topladı, köpeklerin karşısına dikildi.

— Hey! Ne yapıyorsunuz orada?

Köpeklerden biri kediye ters ters baktı, ardından havladı.

— Bize mi dedin?

Kara Kedi:

— Evet, size dedim. Ne işiniz var yuvamın yanında? Beğendiniz mi yaptığınızı? Yuvamı darmadağın etmişsiniz. Yaptıklarınızdan utanmalısınız.

211

Yine aynı köpek, Kara Kedi'ye bakarak alaylı alaylı konuştu.

— Biz bu çöp yığınının içinde yuva falan göremiyoruz. Hani nerede? Yoksa şu karton bozuntusundan yapılan yere yuva mı diyorsun? Güleyim bari. Hahh! Haaahh!

Kara Kedi duyduklarından şaşkına döndü. Bu cümleler tanıdık geldi ona. Ardından durakladı. Kendi söylediklerine inanamadı. Aynı karıncalar gibi konuşuyordu. Hani şu aşağıladığı karıncalar. Beyninde şimşekler çaktı. Pişmanlığını söze döktü.

— Kahretsin! Ne yaptım ben?

— Bize mi dedin bücür?

— Yok! Yok size demedim, diyerek köpeklerin yanından hızla uzaklaştı. Düşünceli adımlarla karıncaların yanına yani tarlaya gitti. Akşam olmak üzereydi. Karıncalar birer birer yuvalarına dönüyorlardı. Karşılarında Kara Kedi'yi görünce çok şaşırdılar. Kendi aralarında mırıldandılar.

— Bunun ne işi var burada?

— Haline baksana nasıl da masum bakıyor. Sanki pişman olmuş gibi duruyor.

— Sen onun öyle durduğuna bakma. Bize söylediklerini unuttun mu?

— Kara Kedi ne olacak!

Kara Kedi boynunu büktü. Olanlardan iyi bir ders çıkarmış olacak ki karıncalardan teker teker özür diledi. Yuvanın aile için önemini daha iyi anladı. Bozulan yuvanın yeniden yapılmasına yardımcı oldu. Karıncaların en bilge olanı kediye döndü.

— Özür dilemek bir erdemdir. Affetmek ise daha büyük bir erdemdir. Söylediklerimi sakın unutma! dedi.

O günden sonra Kara Kedi hiçbir

canlının yuvasına zarar vermedi. Bastığı yerleri sadece toprak yığını deyip geçmedi. Attığı adımlara daha dikkat etti. Hayatı boyunca hiç kullanmadığı sihirli sözcükleri de kullanmaya başladı. Özür dilemenin ve teşekkür etmenin önemini öğrendi. Aylak aylak tarlalarda dolaşmak yerine ailesine yardımcı olmaya karar verdi. Kendisine kötü davranmayarak doğru ve güzeli öğreten karıncalara da teşekkür etti.

Büyük Hazine

Erkan ile Serkan çok iyi anlaşan iki kardeştiler. Anneleri, kendileri daha küçükken ölmüştü. Bu iki kardeşi babaları büyütmüştü. Babaları çok yoksul bir marangozdu. Çocuklarını dürüst, ahlaklı birer insan olarak yetiştirmeye çalışıyordu. Bu iki öksüz kardeş de babalarının sözünden hiç çıkmaz, onu hiç üzmezlerdi.

Erkan ve Serkan bir gün yaşadıkları köye yakın bir dağda büyük bir hazine olduğunu duymuşlardı. Bu büyük hazinenin öyküsü eskiden beri anlatılırmış oralarda. Fakat bu hazineyi henüz bulan olmamış. Erkan ile Serkan da bu hazinenin öyküsünü duyduklarında, hazineyi arayıp bulmaya karar vermişler.

Bu iki kardeş bir sabah ellerinde kazma

küreklerle babalarının yanına gelmişler ve:

- Babacığım biz büyük hazineyi aramaya gideceğiz. Demişler. Babaları:

- Bu hazineyi şimdiye kadar bulan olmadı. Kimsenin bulamadığı hazineyi siz nasıl bulacaksınız? Demiş. Bunun üzerine Erkan:

- Babacığım bize müsaade et. Biz gidip bu hazineyi arayalım. Bu hazineyi bulursak hepimiz ömrümüzün sonuna kadar rahat ederiz. Demiş.

Çocuklarının hazineyi aramaya kararlı olduklarını anlayan baba, çocuklara izin vermiş. Fakat babalarının bir şartı varmış. Çocuklar, hazineyi bulmayı çok istedikleri için babalarının her şartını kabul etmeye hazırlarmış. Serkan:

220

- Şartın neyse hemen yerine getirmeye hazırız babacığım. Demiş. Babaları:

- Bu hazineyi bulmanıza yardım edecek birini tanıyorum. Sizi onun yanına göndereceğim. Bana marangozluğu ve bildiğim pek çok şeyi o öğretmiştir. Ona herkes Bilge Usta der. Oraya gidince sizi benim gönderdiğimi söyleyeceksiniz. Hazineyi bulmanıza yardım etmesini isteyeceksiniz. Demiş.

Çocuklar buna çok sevinmişler. Erkan:

- Peki, şartın nedir babacığım? diye sormuş. Babaları:

- Ustamın sözünden hiç çıkmayacaksınız. Onun her dediğini yapacaksınız. Size verdiği görevleri eksiksiz yerine getireceksiniz. Demiş.

Çocuklar babalarının şartını kabul etmişler hemen.

İki kardeş, büyük hazineyi bulmanın hayaliyle yola koyulmuşlar. Babaları, çocuklara hazineyi bulmaları için kendilerine yardım edecek Bilge Usta'nın yerini iyice tarif etmiş. Erkan ile Serkan, uzun ve yorucu bir yolculuktan sonra babalarının tarif ettiği yere varmışlar. Babalarının söylediği Bilge Usta'yı bulmuşlar. Bu adam ak saçlı, ak sakallı, oldukça yaşlı bir adammış. Çocuklar, kendilerini babalarının gönderdiğini ve büyük hazineyi bulmak istediklerini anlatmışlar.

Bilge Usta, Erkan ile Serkan'ı önce güzelce ağırlamış. Yedirmiş, içirmiş ve dinlenmeleri için onlara yatacak yer vermiş. Sonra da:

- Siz sabaha kadar dinlenin. Sabah olunca her şeyi konuşuruz, demiş.

İki kardeş, büyük hazineyi bulmayı hayal ederek uykuya dalmışlar. O gece güzelce uyuyup, iyice dinlenmişler.

Sabah olunca, Bilge Usta gelip iki kardeşi uyandırmış. Güzel bir kahvaltı yaptıktan sonra, Bilge Usta iki kardeşi karşısına almış ve bundan sonra neler yapacaklarını anlatmaya başlamış. Çocuklara,

- Bundan sonra her sabah erkenden kalkacaksınız. Fazla uyumak insanı tembel ve uyuşuk yapar. Demiş.

İki kardeş itiraz etmeden kabul etmişler.

Bilge Usta devam etmiş:

-Bundan sonra gündüzleri atölyede benim verdiğim işleri yapacaksınız. Akşam olunca da size ders vereceğim. Verdiğim bütün kitapları okuyacaksınız, demiş.

İki kardeş bunu da kabul etmişler. Fakat Bilge Usta'ya,

-Peki biz hazineyi ne zaman arayacağız? Nasıl bulacağız? Diye sormuşlar.

Bilge Usta da:

-Zamanı geldiğinde hazineyi nasıl bulacağınızı öğrenecek ve hazineyi bulacaksınız, demiş. İki kardeş bunu duyunca çok sevinmişler.

Bilge Usta, iki kardeşe yapmaları gerekenleri anlattıktan sonra onları marangoz atölyesine götürmüş. Orada yapmaları gereken işi anlatmış. İki kardeş, Bilge Usta'nın verdiği işleri yapmaya başlamışlar. Zorlandıkları yerde Bilge Usta onlara yardım ediyormuş. Tahtaları, kalasları nasıl keseceklerini, onlara nasıl şekil vereceklerini öğretiyormuş. İki kardeş önceleri sandalye yapmasını öğrenmişler. Sonra, masa, koltuk ve daha pek çok eşya yapmasını öğrenmişler.

Gündüzleri, böyle atölyede çalışmakla geçerken, geceleri de Bilge Usta'dan pek çok şey öğreniyorlarmış. Bilge Usta gerçekten de çok bilgili bir insanmış. Bildiklerini bu iki kardeşe öğretiyormuş. Çocuklar, Bilge Usta'nın verdiği kitapları da okuyup çok faydalı bilgiler öğreniyorlarmış.

Günler geceler hep böyle geçiyormuş. Çocuklar hala büyük hazineyi nasıl bulacaklarını düşünüyorlarmış. Artık çok sabırsızlanmaya başlamışlar. Fakat babalarına verdikleri söz yüzünden Bilge Usta'ya da bir şey diyemiyorlarmış. Aradan uzun zaman geçmiş. Erkan'la Serkan artık babalarından daha iyi birer marangoz olmuşlar. Bilge Usta'nın öğrettikleri ve kitaplardan okuduklarıyla da çok bilgili birer insan olmuşlar. Günler böyle geçip giderken, bir gün Erkan, Bilge Usta'ya,

- Artık hazineyi bulmak istiyoruz. Demiş. Serkan da:

- Evet, artık çok sabırsızlanmaya

başladık. Lütfen bize hazineyi nasıl bulacağımızı söyle. Demiş. Bunun üzerine Bilge Usta:

- Peki, yarın sizi bir sınav yapacağım sınavı geçerseniz size hazinenin yerini söyleyeceğim, demiş. Bunu duyan iki kardeş sevinçten havalara zıplamışlar.

Sabah olunca, Bilge Usta, çocukları sınav yapmak için karşısına oturtmuş. Sonra,

- Size sorular soracağım. Bildiğiniz her soru için size bir altın vereceğim. Bilemediğiniz her soru için siz bana bir altın vereceksiniz, demiş.

Çocuklar kabul etmişler ve sınav başlamış. Çocuklar, Bilge Usta'nın sorduğu soruların hepsini bilmişler. Böylece pek çok altınları olmuş.

Sınav bittikten sonra Bilge Usta:

- Çocuklar bu size verdiğim altınlar zaten sizindi. Atölyede sizin yaptığınız eşyaları satarak bu altınları kazanmıştım onları. Böyle bilgili ve çalışkan olursanız her zaman çok kazanırsınız, demiş.

Erkan ile Serkan O zaman, gerçek hazinenin çalışmak olduğunu anlamışlar. Kazandıkları altınlarla babalarının yanına dönmüşler. Ondan sonra da hep çok çalışıp, çok bilgili olmuşlar ve çok kazanmışlar.

Cenk ve Islak

Cenk okuldan eve dönüyordu. O gün hava çok soğuktu. Yağmur da yağmaya başlamıştı. Cenk, hızlı adımlarla yürürken yolun kenarındaki çöp kovasının yanından seslerin geldiğini fark etti. Çöp kovasının yanına baktığında soğuktan tir tir titreyen küçük bir köpek yavrusu gördü. Hayvancık nerdeyse ölmek üzereydi. Cenk, hemen küçük köpek yavrusunu kucağına aldı. Sonra da koşarak eve gitti. Eve vardığı zaman yavru köpeği annesine gösterdi. Bu yavru köpeği nerede ve nasıl bulduğunu anlattı.

Cenk'in annesi bu durumdan pek

hoşlanmadı.

- Neden alıp buraya getirdin bu ıslak şeyi? Diye Cenk'e kızdı. Cenk:

- Ne olur anne bu köpek benim olsun. Ben ona bakarım. Ne olur izin ver burada kalsın, dedi.

Fakat annesi buna karşı çıkarak:

- Hayır ben bu evde köpek istemiyorum. Al götür şu ıslak şeyi. Diye bağırdı.

Cenk, annesinin söylediklerine çok üzüldü. Yine de annesine:

- Anneciğim en azından karnını doyurup kurulayayım yavrucağı. Ondan sonra götürüp bırakırım, diye yalvardı. Annesi de:

- Peki, ama karnını doyurup, kuruladıktan sonra hemen götüreceksin, diyerek sadece bu kadarına izin verdi.

Cenk, Yavru köpeği, önce güzelce kuruladı. Sonra biraz süt verdi. Karnı doyan ve ısınan yavru köpek, sanki teşekkür ediyormuş gibi Cenk'in ayaklarına sürtünüyor, ellerini yalıyordu. Cenk, Yavru köpeğin bu sevimli halini görünce biraz daha onunla oynadı. Oynadıkça da bu sevimli yavruyu daha çok sevmeye başladı. Cenk, bu sevimli yavru köpeği tekrar sokağa bırakmaya kıyamıyordu. Fakat evde bakmasına da annesi razı olmuyordu. Ne yapacağını düşünmeye başladı. Sonunda bu sevimli yavruyu evlerinin garajında saklayıp ona bakmaya karar verdi.

Cenk, Yavru köpeği alıp annesinden gizli garaja götürdü. Önce yavru köpeği içine koyacağı bir karton kutu buldu. Onu karton kutunun içine koydu ve garajda gözükmeyecek bir yere sakladı. Şimdi bu sevimli yavru köpeğe bir isim bulmalıydı. Düşündü, aklına birçok isim geldi. Ama hiç birini beğenmedi. Sonunda annesinin, bu sevimli yavru için söylediği sözler aklına geldi. Böylece bu sevimli yavruya "Islak"

adını verdi.

Cenk, Islak'a anne ve babasından gizli bakıyordu. Fırsat buldukça garaja gidip gizli gizli Islak'la oynuyordu. Fakat Islak gün geçtikçe büyüyor, artık karton kutuya sığmaz oluyordu. Islak artık sık sık havlamaya da başlamıştı. Cenk, anne ve babasının Islak'ın sesini duyup, onu tekrar sokağa bırakmalarından korkuyordu. Cenk ve Islak artık birbirlerine çok alışmışlardı. Cenk; Islak'tan ayrılmayı hiç istemiyordu. Cenk bir sabah uyandığında anne ve babasının kızgınlıkla kendisini beklediklerini gördü. Cenk'in korktuğu olmuştu. Babası garajda Islak'ı fark etmişti. İlk önce annesi:

- Demek bizden gizli bu köpeği saklıyordun? Diye kızdı. Sonra babası:

- Bu köpeği evde istemediğimizi sana söylemiştik. Şimdi onu götürüp bir yere bırakacağım. Bir daha da bu evde köpek görmek istemiyorum, dedi.

Cenk, anne ve babasının bu söylediklerine çok üzüldü. Başladı ağlamaya. Bir yandan ağlıyor diğer yandan da:

- Ne olur Islak'ı sokağa atmayın ben onu çok seviyorum. Diye yalvarıyordu.

Anne ve babası Cenk'in çok üzüldüğünü görünce biraz yumuşadılar. Annesi:

- Sevgili oğlum, bizde seni çok seviyoruz. Biz senin iyiliğin için bunu istiyoruz. Bu hayvandan sana mikrop bulaşır. Hasta olursun. Sonra biz de senin için üzülürüz, diyerek Cenk'i ikna etmeye çalıştı.

Babası da:

- Hem bu köpekle ilgilenirken derslerini ihmal edersin, diye ekledi.

Cenk, anne ve babasına Islak'ı sürekli temizleyeceğine, ona iyi bakacağına ve derslerini de ihmal etmeyeceğine dair söz verdi. Islak'ı götürmemeleri için yalvardı.

Anne ve babası Cenk'in çok üzüldüğünü

görünce Islak'ın kalmasına izin verdiler. Fakat bir şart koştular. Annesi:

Eğer Islak'tan mikrop kaparsan Islak bu sefer kesin evden gönderilecek. Dedi.

Babası da:

- Derslerini aksatırsan da Islak'ı evden göndermek zorunda kalırız. Dedi.

Cenk bu şartı seve seve kabul etti ve anne babasına da çok teşekkür etti.

Cenk, Islak için evin bahçesine bir kulübe yaptı. Artık rahat rahat oynayabiliyorlardı. Bu arada anne ve babasına verdiği sözleri de aklından çıkarmıyordu. Derslerini ihmal etmiyor, Islak'ın temizliğine de çok önem veriyordu.

Cenk, Islak'a pek çok oyun öğretti. Onu çok güzel eğitiyordu. Zaman böyle geçip gidiyordu. Cenk, karnesini almış, okullar tatil olmuştu. Islak da artık iyice büyümüştü. Cenk bir gün annesinden izin alarak Islak'la birlikte gezmeye gitmişti. Cenk. Hem Islak'ı biraz gezdirecek hem de biraz eğleneceklerdi.

Cenk Islak'la birlikte yolda yürürken, önceden açılmış olan derin bir çukuru fark etmemiş ve çukura düşmüştü. Islak Cenk'in çukura düştüğünü görünce önce uzun süre havladı. Fakat kimsecikler gelmedi. Sonra Islak koşarak eve döndü. Eve gelince havlamaya ve kapıyı tırmalamaya başladı. Cenk'in annesi Islak'ın bu halini görünce, Cenk'e bir şey olduğunu anladı. Hemen Islak'ı takip ederek Cenk'in düştüğü çukurun yanına geldi. Cenk'i çukurdan çıkardılar. Cenk, Islak'ın sayesinde kurtulmuştu.

Bir zamanlar Cenk, Islak'ın hayatını kurtarmıştı. Şimdi de Islak Cenk'in hayatını kurtarmış oldu. Cenk'in anne ve babası da Islak'ın evde kalmasına izin verdikleri için ne kadar doğru bir iş yaptıklarını anladılar.

Cimri Tüccarın Sonu

Büyük ve güzel bir şehirde çok zengin bir tüccar yaşarmış. Bu tüccar çok zenginmiş ama çok da cimriymiş. Çarşının en güzel yerinde büyük bir dükkânı varmış. Dükkânında çeşit çeşit mal varmış. İşleri de çok iyiymiş. Her gün bol bol satış yapıyor, çok para kazanıyormuş. Fakat çok cimri olduğu için para harcamayı sevmiyormuş. Onun için de üzerine güzel kıyafetler almıyormuş. Onu görenler yoksul sanıyormuş. Bu tüccarın güzel yiyecekler yediğini gören de olmazmış. Her gün bir parça ekmekle biraz peynir ya da zeytinle karnını doyururmuş. Kazandığı

paraları da bir kasada saklarmış. Her gün akşam olunca dükkânını kapatmadan önce para kasasındaki paralarını sayar, sonra da tekrar özenle yerine koyarmış. Bu tüccar, başı sıkışıp kendisinden yardım isteyenlere yardım etmezmiş.

- Benim başkalarına verecek param yok. Diyerek yardım istemeye gelenleri geri gönderirmiş.

Bu cimri tüccarın komşularına, hatta akrabalarına bile bir faydası dokunmazmış. Onun için de cimri tüccarı pek seven yokmuş. Cimri tüccar da bu durumu pek önemsemiyormuş.

- Benim çok param var kimselere muhtaç olmam. Beni sevmeseler de olur. diye düşünüyormuş.

Bir gün bu cimri tüccarın dükkânına bir adam gelmiş. Bu adam cimri tüccara:

- Çok para kazanmak ister misin? diye sormuş.

Çok para lafını duyan tüccarın gözleri fal taşı gibi açılmış. Heyecanla:

- Tabi ki isterim. Kim istemez ki? Diye cevap vermiş. Bunun üzerine adam:

- Ben çok para kazandıracak bir iş biliyorum. Fakat benim hiç sermayem yok. İstersen senin çok para kazanmana

yardımcı olurum, demiş.

Cimri tüccar, çok para kazanacak olmanın sevinciyle:

- Nasıl bir işmiş bu anlat bakalım, diye sormuş.

Adam da başlamış anlatmaya.

- Çok ucuz malların satıldığı bir yer biliyorum. Gidip oradan ucuz malları alıp burada iki misline satacaksın. Böylece paranı ikiye katlayacaksın. Demiş. Cimri tüccar hemen atılmış:

- Hadi o zaman hemen gidip alalım malları.

Diğer adam:

- Hayır olmaz. Ucuz malların satıldığı bu yerde herkese mal satmazlar. Sadece tanıdıkları insanlara mal satarlar, demiş.

Cimri tüccarın bu duruma canı sıkılmış. Oflayıp puflayarak:

- Peki o zaman ucuz mallardan nasıl alacağız? Diye sormuş.

- Sen merak etme oradaki ucuz mal satanların hepsi beni çok iyi tanırlar. Sen parayı verirsin ben gider malları alırım. Demiş.

Paralarını başka birisine teslim etmek cimri tüccarın biraz canını sıkmış. Fakat parasını ikiye katlama fikrini düşününce,

bütün parasını bu adama vermeye karar vermiş.

Paraları alan adam bir hafta sonra çeşit çeşit mallar getireceğini söyleyerek gitmiş. Cimri tüccar da yeni malların gelmesini sabırsızlıkla beklemeye başlamış. Çok daha fazla zengin olma hayalleri kurmuş.

Aradan bir hafta geçmiş. Fakat ne adam gelmiş ne de malları göndermiş. Cimri tüccar:

- Biraz daha bekleyeyim, belki işleri uzamıştır. Diye düşünmüş.

Böyle düşünse de içine bir korku düşmüş

cimri tüccarın.

Cimri tüccar adamın gelmesini bir hafta daha beklemiş. Fakat adam yine gelmemiş. Sonraki hafta da gelmemiş adam. Cimri tüccar artık adamın gelmeyeceğini anlamış. Bunun üzerine adamı aramaya başlamış. Pek çok yerde aramış, pek çok kişiye sormuş adamı. Fakat bu adamı ne gören varmış ne de duyan.

Cimri tüccar adamı ararken kendisi gibi tüccar olan birisiyle karşılaşmış. Karşılaştığı bu tüccar:

- O adamı boşuna arama bulamazsın. Yıllar önce beni de böyle kandırıp

paralarımı çalmıştı, demiş.

Cimri tüccar, o zaman kandırıldığını ve paralarını çaldırdığını anlamış.

Cimri tüccarın paralarını alıp giden bu adam meğerse bir dolandırıcıymış. İnsanları kandırıp paralarını çalan bir sahtekârmış. Cimri tüccarın gözünü para hırsı bürüdüğü için bu adamı hiç tanımadan bütün parasını ona teslim etmiş.

Çok para kazanma hırsı yüzünden, yıllarca çalışıp kazandığı, harcamaya kıyamadığı paralarını başkasına kaptırmış. Cimri tüccarın elinde hiç parası kalmamış. Ne yapacağını bilemiyormuş. Diğer

tüccarlardan yardım istemeye karar vermiş.

Cimri tüccar çarşıdaki bütün tüccarları gezmiş. Hepsine olup bitenleri anlatmış. Onlardan yardım istemiş. Fakat hiç kimse cimri tüccara yardım etmek istemiyormuş.

- Sen bize hiç yardım ettin mi ki biz şimdi sana yardım edelim? Diyorlarmış.

Bazıları da:

- Çok para kazanma hırsın olmasaydı başına bunlar gelmezdi. Kendin ettin kendin buldun. Şimdi de başının çaresine bak, diyerek yardım etmiyorlarmış.

Cimri tüccar, zenginken kimselere

yardım etmemesinin ve çok para kazanma hırsının cezasını çekiyormuş. Çaldırdığı paralarına ve kimsenin kendine yardım etmemesine çok üzülmüş. Günlerce ağlamış. Sonunda bu üzüntü onu hastalandırmış Cimri tüccar sefalet içinde ölüp gitmiş.

Nasrettin Hoca Kadı ⟨Hakim⟩ Olunca

Nasrettin Hoca bir gün evinde otururken padişahtan O'na mektup gelir. Mektupta, İstanbul'a çok acele gelmesi söylenir. Hoca da apar topar hazırlanarak aceleyle İstanbul'a gider. İstanbul'a geldiğinde padişahın sarayına gider. Saray kapısında bir süre bekler.

Kapıdaki nöbetçi asker:

- Hayırdır Hoca Efendi burada ne beklersin böyle?

Nasrettin Hoca:

- Padişah bana mektup göndermiş. İstanbul'a acele gelmemi söyledi. Ben de geldim. Ama saraya nasıl gireceğim?

Nöbetçi asker:

- Hoca ver de şu mektubu okuyayım.

Nasrettin Hoca:

- Tabi ki al bir bak.

Nöbetçi, Hoca'nın verdiği mektubu okur.

Nöbetçi:

- Haklıymışsın Hoca Efendi, içeri gir ve hizmetliye göster bu mektubu. O sana yardımcı olur.

Nasrettin Hoca, saraya girer. Nöbetçinin gösterdiği hizmetliyi bulur. Ona derdini anlatır. Hizmetli de Nasrettin Hoca'yı alır, padişahın huzuruna çıkarır.

Padişah:

- Hoş geldin, Nasrettin Hoca.

Nasrettin Hoca:

- Hoş bulduk padişahım. Acele gelmemi

söylemişsiniz, ben de geldim.

Padişah:

- Evet Nasrettin Hoca. Akşehir'de seni çok beğeniyorlarmış. Çok akıllı bir adammışsın.

Nasrettin Hoca:

- O kadar övgüye layık değilim padişahım. Halk abartmış biraz.

Padişah:

- Çok alçak gönüllüsün. Senden bir isteğim olacak, yapar mısın?

Nasrettin Hoca:

- İsteğiniz nedir padişahım?

Padişah:

- Kadı olmanı istiyorum. Kadılık yapabilir misin?

Nasrettin Hoca:

- Bilmem ki padişahım! Çok zor bir iş bu.

Padişah:

- İnsanlar seni çok beğeniyorlar. Kimsenin hakkını yemediğini duydum.

Nasrettin Hoca:

- Padişahım nerede kadılık yapacağım?

Padişah:

- Akşehir'de yapacaksın.

Nasrettin Hoca padişahla konuştuktan sonra sarayda bir süre misafir kalır. Daha sonra Akşehir'e döner. Kadılık görevine başlar. Bir gün yanına iki kişi gelir. Bunlar köylülerden Cemal ve Hasan'dır. Birbirlerinden şikayetçi olurlar.

Cemal:

- Kadı efendi Hasan'ın ineği benim tarlama girdi. Ekinlerimi yedi. Ben de onun sütünü sağdım. Sütü de yoğurt yaptım.

Hasan:

- Ben de Cemal Efendi'den davacıyım. Yoğurt benim hakkım, fakat bana vermiyor.

Nasrettin Hoca baktı ki işin içinden çıkılacak gibi değil. Düşünür taşınır bir çözüm bulur.

Nasrettin Hoca:

- Cemal Efendi git yoğurdu bana getir.

Cemal Efendi gider yoğurdu getirir. Nasrettin Hoca yoğurdu alır fakir birisinin evine gönderir.

Cemal ve Hasan buna şaşırırlar. Nasrettin Hoca ise gayet sakindir.

Nasrettin Hoca:

- Böyle küçük şeyler için birbirinizin kalbini neden kırıyorsunuz? Baktım sizin meselenizde ikiniz de haklısınız, ben de yoğurdu ihtiyacı olan birine gönderdim. Bakın sizin sayenizde yoksul bir insan da doyacak.

Cemal ve Hasan bu olaya çok sevinip barışırlar. Nasrettin Hoca'ya da çok teşekkür ederler. Hoca'nın kadı olarak da adil olduğu her tarafa yayılır.

Kar Tanesinin Öpücüğü

Yaz mevsiminin kavurucu sıcakları gitmiş, kış mevsiminin donduran soğukları gelmişti. Artık hava çok soğuktu. Pamuğa benzeyen lapa lapa karlar yağıyordu. Sanki gökyüzünden yeryüzüne binlerce kristal tanesi düşüyordu. Kar taneleri de ışıl ışıldı.

Dışarıda göz kamaştıran bir parlaklık vardı. Ormandaki tüm hayvanlar o sabah gözlerini açtığında bembeyaz bir örtüyle karşılaştı. Dağ, taş, bağ, bahçe her yer bembeyazdı.

Ormandaki hayvanlar gelen kış mevsimini dans ederek, hoplayıp zıplayarak kutladı. Her mevsim onlar için bir başka güzeldi. İlkbahar ve yaz mevsiminin gelişinde de büyük şenlikler düzenlenirdi.

Sonbahar mevsiminde ise dostluk ve dayanışmanın en güzeli paylaşılırdı. Birbirlerine yardım eder, kışlıklar hazırlarlardı. Anlayacağınız ormanda dostluğun ve paylaşmanın en güzeli yaşanırdı.

Ormanda hayat erken saatlerde baş-
lardı. O gün güneşin ilk ışıklarıyla güne
"Merhaba!" diyen orman bekçisi oldu.
Orman bekçisi haftanın belli günlerinde
kasabaya giderdi. Orada işlerini bitirir
bitirmez ormana dönerdi.

O gün yine sabahın erken saatlerinde
kasabaya gitti. Bunu fırsat bilen hayvan-
lar bir anda meydana döküldü. Meydan-
da toplananlar arasında kimler yoktu ki:
sevimli sincaplar, kaplumbağalar, tavşan-
lar, kuşlar, filler, maymunlar, zürafalar
ve dahası. Karların üzerinde sağa sola
hopladılar. Her biri sevincini farklı şekilde
gösterdi. Hepsinin yüzünde bir heyecan,
bir neşe vardı.

Toplanan hayvanlar önce kendi aralarında kartopu oynadılar. Eğlendiler, güldüler. Ama oyun oynarken hiç biri diğer arkadaşına zarar vermedi. Aradan epeyce bir zaman geçti. Kartopu oynamaktan sıkıldılar. Hep bir araya gelerek yeni bir oyun oynamaya karar verdiler. İçlerinden biri neşe içinde bağırdı.

— Tamam, şimdi buldum! Bizde çocuklar gibi kardan adam yapalım mı? Kış mevsiminde çocukların en büyük eğlencesi budur. Geçen yıl köyün çocukları burada kocaman bir kardan adam yapmışlardı. Onlardan öğrendim. Biz de başarabiliriz. Denemeye ne dersiniz?

Kardan adam yapma fikri hepsinin hoşuna gitmiş olacak ki herkes bir şeyler söyledi.

— Harika bir fikir! Hemen kardan adam yapmaya başlayalım.

— Kafasına şapka takarız.

— Evet, burnuna da bir havuç taktık mı tamam demektir.

— Hey, arkadaşlar! Gözlerini unuttunuz. Gözleri için iki tane kömür bulduk mu işte o zaman kardan adam bitmiş demektir!

Herkes bir şeyler söyledi, ama hiç kimse diğerinin görüşüne saygısızlık yapmadı. Önce kendi aralarında iş bölümü yaptılar. Kimi kar getirdi kimi de kartopunu yuvarlayıp kocaman bir gövde oluşturdu. Birlikte kocaman bir kardan adam yaptılar.

Uğraştılar, emek verdiler.

Yaptıkları kardan adamın karşısına geçip uzun uzun onu seyrettiler. Ortaya çıkardıkları iş hepsinin hoşuna gitti. Herkes bir şey söyledi.

— Bir elin nesi var, iki elin sesi var!

— El ele verince güzel şeyler yapılabiliyormuş.

— Arkadaşlar, şunu hiçbir zaman unutmayın! Birlikten kuvvet doğar. Tek başımıza bu kardan adamı bu kadar kısa sürede bitiremezdik. Tek başımıza yapmaya çalışsaydık, belki bu kadar da eğlenemezdik.

Kendi aralarında buna benzer konuşmalar yaparken az ileriden bir araç sesi duyuldu. Orman bekçisi kasabadan dönmüştü. Hayvanların her biri kendi yuvasına gitti.

Araçtan inen bekçi gördüklerine inanamadı. Ormanın orta yerinde kocaman bir kardan adam duruyordu.

— Hayret, ormanda kimsecikler yoktu. Bu nasıl olur? Galiba köyün haylazları meydanı boş bulunca içeri girdiler. Onların sürprizi herhâlde, diye mırıldandı ve kulübesine girdi.

Hayvanların kendi aralarında bu kadar güzel anlaştığını gören Karlar Kraliçesi de mutlu oldu. Kar tanelerine hemen emir verdi. Emirleri alan kar taneleri, ormandaki hayvanların yanağına birer öpücük konduruverdi. Hepsi yanağında bir sıcaklık hissetti ama hiçbiri bu sıcaklığın nereden geldiğini anlayamadı. Hayvanlar, o günden sonra birlikte çalışmanın ve dostluğun önemini daha iyi anladılar.

Bahçeden Yükselen Ses

Yeni bir günün sabahında güneş gökyüzünde pırıl pırıl parlıyordu. Sıcaklığıyla insana yaşama sevinci veriyordu. Köyün en güzel çiftliği Gülşen Hanım'a aitti. Her gün olduğu gibi yine sabahın erken saatinde kalktı. Sebze ve meyvelerini teker teker suladı. Her biriyle ayrı ayrı hasret giderdikten sonra köşedeki sardunyaları ile biraz hoşbeş etti. Bahçedeki herkes büyük bir gayretle büyümeye çalıştı. İlk olarak domatesler yüzlerini güneşe doğru döndü. Salatalıklar ise topraktan bol bol su aldı. Kıvırcıklar, maydanozlar ve mis gibi kokan naneler yeşil yapraklarını şöyle bir salladı. Kabak, patlıcan hiç durur mu? Onlarda dallarından arkadaşlarına gülümsediler. Hepsi de mutluydu. Tek bir amaçları vardı: Daha fazla ürün verip Gülşen Hanım'ı mutlu etmek.

Günler böyle neşe içinde geçiyordu. Ta ki yan bahçenin domates ve salatalık fideleri büyüyünceye kadar. Onlar çok çabuk büyümüşlerdi. Bu durumu yan bahçeden hayretle izliyor, şaşırıyorlardı. Kendi aralarında yorumlar yapıyor, şaşkınlıklarını dile getiriyorlardı.

— Hayret! Daha kaç gün oldu? Şu domatesler bir anda kızarıp büyüdüler. Hem bize gösterilen ilgi ve sevgi onlara gösterilmiyor.

— Böyle bir şey nasıl olur ki?!

— Bizden daha önce büyüdüler ve olgunlaştılar.

— Şunların havasına da bakın!

İçlerinden biri bilgiç bilgiç konuşmaya başladı.

— Hafta sonu gelen müşterilere söylerken duydum. Gülşen Hanım bizim için "hormonsuz", "organik" ifadelerini kullandı.

Hemen diğer salatalık fidesi söz aldı.

— Doğru söylüyor. Bu konuşmaya ben de kulak misafiri oldum. Bize hormon ilacı verilmeden büyüyormuşuz. Bu ilaçlarla büyüyen bitkiler tatsızmış hem de bizim gibi sağlıklı ürünler değilmiş.

Kendi aralarında yaptıkları bu

kısa sohbetten sonra yan bahçedeki bitkilerin durumu biraz daha ortaya çıktı.

Aradan birkaç gün geçti. Bahçedeki bitkiler neşe içinde yeni bir güne başladılar. Bitkilerin kimi şarkı söylüyor kimi de yapraklarını sağa sola açarak geriniyordu.

İçlerinden biri:

— Bugün hava biraz daha sıcak olacağa benziyor. Çabucak olgunlaşırız. Bu da Gülşen Hanım'ın hoşuna gider, dedi.

Bahçedeki fideler kendi aralarında konuşuyorlardı. Yan bahçeden değişik sesler geldi.

— Şişşşt!

— Heyyy!

— Çömezler!

— Daha büyüyemediniz mi? diyordu sesin sahibi.

Yan bahçeden gelen bu tok ses, salatalık fidesine aitti. Gururlana gururlana bir anda bahçenin çitine kadar uzandı. Bir çalım, bir hava. Aman bir görseniz! Bahçedekilere tepeden bakarak şöyle bir süzdü. Kendini beğenmiş bir edayla dallarında taşıdığı renksiz ama iri olan salatalıkları havalı havalı salladı.

— Bakın işte ürün görün, dedi.

Yan taraftaki maydanoz ve kıvırcıklar da yapraklarını sağa sola

salladılar. İki bahçenin ürünleri atış-
malı bir sohbete tutuştular. İlk sözü
maydanozlar aldı.

— Şu yapraklarımızın yeşilliğine bir
bakın. Bir de dönün kendi yaprakları-
nıza bakın. Her tarafınız yara bere
içinde. Bizden sağlık fışkırıyor. Oysa
sizde öyle mi?

— O yara bere kendiliğinden olu-
yor. Sizin yaprağınız yeşilse bizim de
boyumuz sizden çok uzun, oh olsun
işte!

Aman kıvırcıklar, hiç durur mu?

— Asıl kıvırcık biziz. Organik, hor-
monsuz.

— Şu hâlinize bir bakın. Çömezlikten bir türlü kurtulamadınız! Yerden bitmeler sizi. Büyüyün de gelin!

— Daha ne kadar büyüyeceğiz? Yapraklarımıza bir bakın. Narin ve kibar. Sizinki gibi değil. Asıl kıvırcık biziz.

Atışmalı sohbetin ortasında Gülşen Hanım bahçeye çıkageldi. Kısa süreli de olsa ortalığı bir sessizlik kapladı. Herkes sus pus oldu.

Gülşen Hanım küçük bir sepet dolusu domates topladı. Sonra bahçeden çabucak çıktı. O gün hafta sonu olduğundan müşterilerin biri gidiyor, biri geliyordu. Oysa Tufan Ağa'nın bahçesinin önünde bir tane

bile müşteri yoktu.

İki bahçenin sakinleri birbirleriyle atışmalı sohbetlerine devam ettiler. Organik sebzeler kendilerine güvenir bir ses tonuyla konuştular.

— Bizim dallarımızda yetişen ürünlere bir bakın. Bir de kendi dallarınızda yetişen sebzelere bakın. Ne renginiz var ne de tadınız. Hepiniz tombulsunuz. Çabucak büyüdünüz ama hiç lezzetiniz yok. Hem de hiç sağlıklı değilsiniz. Bunun için böbürlenmenize hiç gerek yok.

Oradan biri daha söz aldı.

— Tufan Ağa yanlış yolda. Çok para kazanmak için size bol bol hormon veriyor. Halkın sağlığını hiçe sayıyor. Gururlandığınız şey bu mu yani?

Bu konuşmadan sonra Tufan Ağa'nın bahçesindeki meyve ve sebzeler birbirlerine bakakaldılar. Söylenenlerden çok etkilendiler.

Yan bahçeye laf yetiştiren salatalık fidesinin başı öne düştü. Maydanoz ve kıvırcığın yanakları da kızardı. Düşündükçe başları daha da öne eğildi. Minicik yüreklerinde pişmanlık rüzgârları esti. Kendi aralarında fısıldaştılar.

— Gurur yapmanın kimseye faydası yok. Haksız değiller.

— Bizimki üstünlük değil aslında. Hepimiz hastayız. Dedikleri gibi ilaç almadan yaşayamıyoruz. Şu hâlimize bir bakın. Kimimizin karnı ağrıyor kimimizin de başı. Vücudumuz hep yara bere içinde. Onlardaki neşenin, mutluluğun hiçbirisi bizde yok. Bence de söylediklerinde haklılar.

İçlerinden bazıları cesaretini topladı. Bir iki cümle de onlar söyledi.

— Hepimiz para hırsının, açgözlü-lüğün kurbanı olduk. Alan bir daha gelmiyor.

— Hepimiz iriyiz, ama bizi alan yok. Çünkü tadımız yok. Gerçek şu ki lezzetimiz de yok.

— Çabuk büyümek de önemli de-ğil arkadaşlar. Önemli olan onların gösterdiği erdem. O kadar laf söy-ledik, o kadar haksızlık yaptık. Ama onlar bir kere bile bize kötü söz söylemediler. Onlar gerçek, biz sah-teyiz. İlişkilerimiz bile hormonlu. Do-ğal davranamıyoruz. Bence onlara kocaman bir özür borçluyuz.

İçlerinden bazıları buna itiraz etse de doğruyu anlamaları uzun zaman almadı. Söylediklerinden pişmanlık duydular. Özür dileyeceklerdi. Sabahı zor ettiler. Gece bir türlü bitmek bilmedi.

Sabahın alaca karanlığında öten horozların sesleri, ahırlardan çıkan kuzuların melemeleri köye can verdi. Bahçedeki bitkiler de kıpırdanmaya başladı. Sabahın mahmurluğuyla kimi esnedi kimi de kollarını sağa sola açarak gerindi. Rahat bir uyku çektikleri hâllerinden belliydi.

Oysa Tufan Ağa'nın bahçesinde durum hiç iç açıcı değildi. Sebzelerin kimi sararmış kimi de boynunu bükmüştü. Gördükleri karşısında şaşkına döndüler. Tufan Ağa'nın bahçesinden cılız bir ses geldi. Herkes sesin geldiği yöne döndü.

— Özür dileriz. Boşuna böbürlendik. Siz haklıydınız. Hiçbir şey sağlıktan daha önemli değil. Şu hâlimize bir bakın! Tüm bahçe hastalıktan kırılıyor, dedi ve derin bir sessizliğe gömüldü.

Yan bahçede yaşananlar organik bitkileri çok üzdü. Bu olaydan herkes kendine göre bir ders çıkardı.

Yaşananlardan sonra Tufan Ağa sebze ve meyve yetiştirmeyi bıraktı. Çiçek yetiştiriciliğine başladı. Ziraat fakültelerinden mezun genç mühendislerle çalışmaya başladı. Anlayacağınız işi erbabına teslim etti. Bilinçsiz yetiştiricilikten kendi de büyük zarara uğradı. Yaşadıklarından ders almış olacak ki çiçek bahçesinin girişine kocaman bir tabela astı. Tabelada ne mi yazıyordu?

"Önce Sağlık!"

Çiçeklerin
Dostluğu

Sabah olmuş, güneş doğmuştu. Sabahın ilk ışıklarıyla horozlar ötüyor, bir yandan da çobanların ahırlardan çıkardığı koyunlar meleşiyordu. Artık doğa uyanmıştı. Gülşen Hanım da penceresinin önüne gelen kuşların cıvıltılarıyla uyandı.

Günün ilk ışıklarıyla çiftlikte hareketlilik başlardı. Gülşen Hanım bir yana, kâhyalar bir yana koşturup dururlardı. Çiftlikten yükselen bu sesler ahenkli bir orkestrayı anımsatırdı.

Her sabah Gülşen Hanım kümesin önüne gelir tavuklarıyla, paytak ördekleriyle bol bol sohbet ederdi. Kimini "Ah, benim çilli kızım!" kimini de "Ak, pak güzel ördeklerim!" diye severdi.

Önce tavuklarına yemlerini verir, sonra da koyunları köyün çobanına teslim ederdi. Koyunlar ahırdan çıkarken tozu dumana katar, şarkılar söyleyerek çayırlara giderlerdi.

Gülşen Hanım son günlerde zamanının büyük bir bölümünü yeni kurduğu çiçek bahçesinde geçirmeye

başladı. Çiçek yetiştirmeye ayrı bir merakı vardı. Rengârenk çiçeklerle uğraşmak onu rahatlatır, ona yaşama sevinci verirdi. Bahçede neler yoktu ki; rengârenk güller, karanfiller, papatyalar...

Bahçeye girdiğinde Gülşen Hanım'ın yüzünde güller açar, tüm sıkıntılarını unuturdu. Yaşlı haline bakmaz, sabahtan akşama kadar çalışırdı. Çalıştıkça gençleştiğine inanır, çevresindekilere "İşleyen demir pas tutmaz." derdi. Gayretiyle, çalışkanlığıyla herkesin takdirini alır, gençlere iyi örnek olurdu. Sohbetlerinde gençlere öğütler verirdi.

-Çalışana, üretene ekmek her zaman var. Yeter ki çalışın. İşten kaçmayın, derdi.

Gülşen Hanım, bahçenin kapısında gören çiçekler heyecanlanır, en güzel kokularını ona doğru gönderirlerdi. Onun gülümsemesiyle onlar da mutlu olurlardı. Seraya geldiğinde çiçekleriyle sohbet eder, bir yandan da içine su doldurduğu ibrikle çiçeklerini sulardı.

-Bugün daha da güzelsiniz, diyerek övgüyle sohbete başlardı. Bazen konuşur bazen de o yanık sesiyle onlara türküler söylerdi.

Her sabah katmer güllerinin yanına gelir, yeni açmış goncaların başını sevgiyle okşardı. Gonca güller de onu görünce mis kokularını etrafa saçar, bir çocuk gibi şımartılmak isterlerdi.

Daha sonra rengârenk karanfillerin yanına gelirdi.

-Oooo! Bugün ne güzel gülümsüyorsunuz! derdi.

Sonra papatyaların yanına gelir, onlarla da sohbet ederdi. Bazen de onlar için şarkılar söylerdi.

-Ah! Benim güzel papatyalarım. Gelinlerin tacı, hastaların ilacı olan çiçeklerim, diye severdi onları da.

Papatyalar bu sevgi gösterisi karşısında etrafa gülücükler saçar, sevinçle salınırlardı.

Serada bakım işi bittikten sonra kesim işi başlardı. Güller, papatyalar ve mis kokan karanfiller boylarına göre kesilir, bir kenarda istif edilirdi. İstif edilen çiçeklerin bir kısmı satılır

bir kısmı da kurutulurdu. Bu çiçeklerin bir kısmını şehirden gelen büyük çiçekçiler satın alır, kuruyan çiçekleri de aktarlar alıp götürürdü. Bin bir zahmet ve emekle yetiştirilen çiçekler evleri, hastane odalarını, iş yerlerini renklendirirdi. Ortama renk veren bu

çiçekler aynı zamanda şifa kaynağıydı. Kaynatılıp içilince pek çok hastalığa iyi geldiği bilinir. Bu yüzden köyde kim hasta olsa Gülşen Hanım'ın kapısını çalar, şifalı çiçeklerinden isterdi. Yine böyle bir gündü.

Gülşen Hanım'ın çiçek işiyle uğraştığını köydeki tüm çocuklar biliyordu. Öğleye doğru çocuklar bir grup halinde seraya geldiler. Gülşen Hanım, çocukları karşısında görünce çok sevindi.

Köyün çocukları sık sık ziyaretine gelirlerdi zaten. Ama bu sefer ki ziyaretleri çok farklıydı. Grupla gelen çocuklar, kendi aralarında bir sözcü seçmişlerdi. Grubun sözcüsü Emre idi.

Emre hiç beklemeden söze başladı.

-Gülşen teyze, sınıftan bir arkadaşımız hastalandı. İki gündür okula da gelmiyor. Onu ziyarete gideceğiz. Giderken ona bir demet çiçek götürmek istiyoruz. Bu konuda bize yardımcı olur musunuz?

Gülşen Hanım, karşısında duran çocuklara gülümsedi. Çünkü çocukları çok severdi.

-Ne güzel düşünmüşsünüz. Aferin size! İnsanlar zor zamanlarında

sevdiklerini yanında görmek ister. 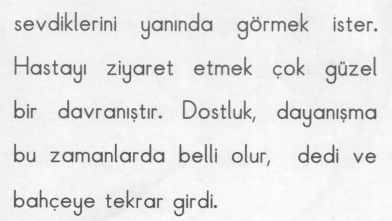 Hastayı ziyaret etmek çok güzel bir davranıştır. Dostluk, dayanışma bu zamanlarda belli olur, dedi ve bahçeye tekrar girdi.

Bahçedeki çiçekler konuşulanları duydu. Hepsi bir anda gülümsemeye başladı. Hepsi de ışıl ışıl görünüyordu. Tüm çiçekler hasta çocuğa bir demet mutluluk olmak istiyorlardı.

Gülşen Hanım, bütün çiçeklerden

tek tek topladı. Çiçeklerin hepsi gülümsüyordu. Papatyalar, karanfiller, güller demetin içinde yer aldılar. Artık bir demet çiçek hazırdı. Ayrıca sabah sağılan sütten de bir kavanoza koydu. Taze yumurtalardan da küçük bir paket hazırladı. Hazırladıklarını çocukların ellerine tutuşturdu.

- Geçmiş olsun! Umarım, arkadaşınız bir an önce iyileşir, dedi ve küçük misafirlerini yolcu etti. Çocuklar da

Gülşen Hanım'a teşekkür ettiler.

Gülşen Hanım bahçeden uzaklaşınca çiçekler kendi aralarında konuşmaya başladılar. Çiçeklerin arasından cılız bir ses yükseldi.

- Şimdi çok mutluyum. Hasta bir çocuğun yüzünde kocaman bir gülücük olacağız.

Çiçekler kendi aralarında konuşurken Emre ve arkadaşları Onur'u ziyarete gittiler.

Onur, arkadaşlarını karşısında görünce çok mutlu oldu. Hazırlanan demeti Onur'a verdiler. Dostluğun gücü ve çiçeklerin huzur veren kokusu odanın havasını bir anda değiştirdi. Çiçekler şifa tozlarından hasta çocuğa doğru üflediler.

— Çiçeklerin dostluğunu unutmayın, diye mırıldandılar.

O dakikadan sonra Onur hızla iyileşti. Kısa sürede okuluna döndü. Derslerinden de geri kalmadı.

HİKAYELERİN SORULARI

1. "Nasrettin Hoca Gölde Balık Tutuyor" hikayesinde Nasrettin Hoca balık tutarken oltasına ne katılıyor?

2. "Keloğlan ve Huysuz Eşeği" hikayesinde Huysuz Eşek neden şikayetçidir?

3. "Şehre Gidiyoruz" hikayesinde şehre gitmekten hoşlanmayan kimdir? Neden şehre gitmekten hoşlanmıyor?

4. "Kardan Adam" hikayesindeki Sinem neyin hayalini kuruyor? Bu hayali gerçekleşiyor mu?

5. "Keloğlan ve Düdükçü Amca" hikayesinde Düdükçü Amca Keloğlan'dan ne yapmasını istiyor?

6. "Zebraların Yarışı" hikayesinde Gezgin Bulut, Cengiz'i nereye götürmüştür?

7. "Zebraların Yarışı" hikayesinde Cengiz gittikleri yerde neler görmüştür?

8. "Dedikoducu Karga" hikayesindeki karganın kötü huyu nedir?

9. "Dedikoducu Karga" hikayesindeki karganın başına bu kötü huyu yüzünden neler gelmiştir?

10. "Çizgili'nin Ailesi" hikayesinde Çizgili'nin babası ve kardeşlerinin başına ne geliyor?

11. "Yaşasın İneğimiz Doğurdu" hikayesinde yeni doğan buzağıya hangi ismi veriyorlar?

12. "Yaz Tatili Başlıyor" hikayesindeki Sinem yaz tatili için anne ve babasından ne istiyor?

13. "Nasrettin Hoca Ormanda" hikayesinde Bekir, diğer köylülere neden kızıyor?

14. "Nasrettin Hoca'nın Akıllı Kuşu" hikayesinde pazardan aldıkları kuşun özelliği nedir?

15. "Çılgın Leylek" hikayesindeki leyleğe arkadaşları neden kızıyorlar?

16. "Oyun Bozan Güneş" hikayesinde Güneş'in davranışını doğru buluyor musunuz? Neden?

17. "Bilek Güreşi" hikayesinde Can, kendisiyle alay eden çocuğa nasıl bir ders veriyor?

18. "Birbirini Kıskanan Kızlar" hikayesinde Buse ve Tuğba birbirlerini neden kıskanıyorlar?

19. "Fındık Bahçesinde" hikayesinde fındıkları toplamak için nasıl bir çözüm bulunuyor?

20. "Karıncalar ve Kara Kedi" hikayesinde Kara Kedi'ye nasıl bir ders veriliyor?

21. "Büyülü Hazine" hikayesindeki Erkan ile Serkan'ın aramaya çıktıkları hazine aslında neymiş?